CB080037

COLEÇÃO
TEOLOGIA PARA TODOS

Caike Hislumial

Qual é o destino eterno dos não evangelizados?

Uma introdução ao exclusivismo e ao inclusivismo

bibotalk

Thomas Nelson
Brasil®

As citações bíblicas são da *Nova Versão Internacional* (NVI), da Biblia Inc., salvo indicação contrária.

COPIDESQUE Daila Fanny Eugenio
REVISÃO Jean Xavier e Camila Reis
ILUSTRAÇÃO Guilherme Match
DESIGN DE CAPA E PROJETO GRÁFICO Gabriela Almeida
DIAGRAMAÇÃO Joede Bezerra

Dados Internacionais de Catalogação na Publicação (CIP)
(BENITEZ Catalogação Ass. Editorial, MS, Brasil)

H578q
1.ed. Hislumial, Caike
Qual é o destino eterno dos não evangelizados?: uma introdução ao inclusivismo e o exclusivismo/ Caike Hislumial. – 1.ed. – Rio de Janeiro: Thomas Nelson Brasil, 2024.

80 p.; 12 x 18 cm.

ISBN 978-65-5689-952-7

1. Cristianismo. 2. Evangelismo. 3. Missões cristãs. 4. Salvação. I. Título.

06-2024/07 CDD 269.2

Índice para catálogo sistemático:
1. Evangelismo: Missões cristãs: Cristianismo 269.2
Aline Graziele Benitez – Bibliotecária - CRB-1/3129

Os pontos de vista desta obra são de responsabilidade de seus autores e colaboradores diretos, não refletindo necessariamente a posição da Thomas Nelson Brasil, da HarperCollins Christian Publishing ou de suas equipes editoriais.

Rua da Quitanda, 86, sala 601A - Centro,
Rio de Janeiro/RJ - CEP 20091-005
Tel.: (21) 3175-1030
www.thomasnelson.com.br

Sumário

Prefácio à coleção *Teologia para todos*

Geralmente, quando nos interessamos por algo, alguém, alguma coisa, algum tema, fazemos perguntas sobre isso. Perguntar é um ato de gente interessada — pode ser de gente metida também, eu sei (risos), mas, aqui, estou pensando nessa atitude de maneira positiva. Os discípulos fizeram perguntas para Jesus, que muitas vezes respondeu com outras perguntas. Entre perguntas e respostas, o reino de Deus foi ensinado e aprendido.

Em diálogos honestos e relações saudáveis, perguntas sempre são bem-vindas. Jesus não teve problemas em ser questionado. Paulo escreveu duas cartas respondendo às dúvidas que recebeu da comunidade de Corinto. Aliás, podemos pressupor que, por trás dos escritos do Novo Testamento, estão questionamentos da igreja nascente.

Foi justamente por acreditar que perguntas honestas merecem respostas bíblicas que criamos a coleção *Teologia para todos*. O objetivo é fomentar, por meio de perguntas e respostas, a reflexão sobre temas importantes da fé cristã. Nossa fé foi construída em meio a um povo que experimentou a presença e a revelação divinas. O Antigo e o Novo Testamento são frutos dessa relação e da reflexão sobre quem é Deus e o que ele espera de sua criação.

Sim, Deus espera que seu povo conheça as Escrituras e saiba relacionar a revelação com a rotina! Por isso, os temas dessa coleção estarão sempre permeados pela teologia prática. A ideia central de cada livro é responder a uma pergunta ou inquietação da igreja brasileira, ao mesmo tempo que ensina princípios básicos da doutrina cristã.

Pelo tamanho do livro que você tem em mãos, fica evidente a intenção de que ele seja apenas uma introdução ao assunto da capa. Contudo, os autores e as autoras se esforçaram ao máximo para entregar, de forma sintética e clara, aquilo que é fundamental saber sobre a pergunta que gerou o livro. Para aprender mais, consulte as referências bibliográficas citadas nas notas de rodapé ao longo de cada obra. Ao estudar as fontes que os autores usaram, você pode ir mais longe.

Esperamos profundamente que este livro e todos os demais da coleção *Teologia para todos* inspirem você a viver a fé evangélica de maneira mais sóbria, a fim de que, "se alguém lhes perguntar a respeito de sua esperança, estejam sempre preparados para explicá-la" (1Pedro 3:15).

Rodrigo Bibo
Autor do best-seller *O Deus que destrói sonhos*,
criador do Bibotalk e da EBT — Escola Bibotalk de Teologia.
Casado com a Alexandra e pai da Milena e do Kalel.

Introdução

Arranhando a superfície

Qual é o destino daqueles que morrem sem nunca terem ouvido o evangelho? Por acaso estarão todos os "pagãos" perdidos? Será que um Deus de amor seria capaz de condenar milhões e milhões de pessoas que ainda não tiveram oportunidade de ouvir as boas-novas? Há uma alternativa para conhecer a Deus sem ser por Jesus? Há oportunidade de salvação para os que nunca ouviram sobre Jesus Cristo? Se sim, o sacrifício missionário para alcançar os habitantes das partes mais remotas da terra continua sendo válido?

Essas e outras perguntas relativas à salvação certamente são incômodas e difíceis de responder. Elas também trazem consigo implicações diretas no que tange à prática das missões cristãs.

Infelizmente, o destino eterno dos não evangelizados não é um assunto que tem sido amplamente debatido em nossos seminários, em nossas escolas bíblicas dominicais ou em conversas informais acerca da fé cristã. Embora o assunto não possua o engajamento desejado, as perguntas suscitadas sobre o tema têm sido contempladas por filósofos e teólogos cristãos e não cristãos. Existem pelo menos três boas razões pelas quais devemos refletir sobre esse tema.

A primeira razão relevante envolve o clássico problema do mal, isto é: Se Deus é inteiramente bom, onisciente e onipotente, por que existe o mal no mundo? Um dos subtópicos desse problema diz respeito ao destino dos não evangelizados, pois trata de um aspecto da doutrina da salvação: a soteriologia. Ele questiona como é possível conciliar a singularidade e exclusividade de Cristo com o fato de bilhões de pessoas não terem acesso ao evangelho. Deus nada pode fazer a respeito? E quanto aos vários textos bíblicos que demonstram o desejo universal de Deus de salvar muito mais do que um pequeno grupo que se autodenomina "eleito" (2Pedro 3:9; 1Timóteo 2:4)?

A segunda razão é estarrecedora, pois diz respeito ao incalculável número de pessoas que morrem sem jamais terem ouvido as boas-novas sobre Jesus Cristo. Afinal de contas, o que pode ser dito sobre o destino desses bilhões de pessoas que viveram e morreram sem conhecer a graça divina manifesta em Jesus? Todos estão condenados ao castigo eterno em razão de um mero acidente histórico, geográfico ou até mesmo por omissão dos cristãos em evangelizar o mundo?

O terceiro motivo importante é que devemos estar prontos a dar uma resposta plausível aos que nos indagarem sobre essa questão. É importante ter condições de discorrer, ainda que brevemente e de forma introdutória, sobre algumas das linhas de interpretação referentes à eternidade dos não alcançados.

O texto que você tem em mãos, longe de ser exaustivo, traz uma visão geral sobre o inclusivismo e o exclusivismo, duas das linhas de interpretação mais comuns entre os estudiosos do assunto. Com isso, você terá um norte sobre o tema. Caso se interesse sobre o assunto, nos rodapés há referências de obras que tratam de forma mais detida sobre os pontos de vista aqui apresentados.

Dividimos este livro em duas partes: primeiro, discorreremos sobre o inclusivismo, com o propósito de apresentar os conceitos e os principais argumentos bíblicos e teológicos utilizados para embasar tal vertente. Na segunda parte, faremos o mesmo em relação ao exclusivismo. Conforme você pode ver ao longo da leitura, cremos que o inclusivismo tem dado respostas mais consistentes ao difícil problema dos não evangelizados.

Este livro é uma introdução ao tema, ou seja, apenas arranhamos a superfície do assunto. No entanto, temos a esperança de que ele contribua de alguma forma para o debate dessa questão que julgamos ser tão pertinente à igreja brasileira do século 21.

PARTE 1:

INCLUSIVISMO

CAPÍTULO 1

O que é o inclusivismo?[1]

Ao pensar sobre o destino eterno dos não evangelizados, muitos de nós são levados a alguns questionamentos sobre o amor e a justiça divinos, que trazem indagações como: "Se Deus é amoroso, como ele poderia lançar no inferno pessoas que jamais ouviram as boas-novas da salvação?";[2] "Como se pode dizer que Deus é amor, onisciente e onipotente se aqueles que morrem sem nunca terem ouvido sobre Jesus não têm oportunidade de serem salvos?";[3] ou, ainda, "Parece injusto que milhões de pessoas não alcançadas

[1] Sanders diz que existem diferentes formas de inclusivismo, indo desde a versão mais liberal de Karl Rahner até a posição mais conservadora de Clark Pinnock, que é a que o próprio Sanders advoga (SANDERS, John [org.]. *E aqueles que nunca ouviram?* Três pontos de vista sobre o destino dos não evangelizados. Trad. de Rubens Paes. Arapongas: Aleluia, 2000. p. 40, nota 16). Segundo Mikka Ruokan, a versão de Sanders estaria em harmonia com o Concílio Vaticano II, enquanto Rahner iria muito além (RUOKAN, Mikka. *The Catholic Doctrine of Non-Christian Religions According to the Second Vatican Council*. Leiden: Brill, 1992). Para maiores informações sobre o Concílio Vaticano II, veja: COSTA, Lourenço (org.). *Documentos do Concílio Ecumênico Vaticano II* (1962-1965). Trad. de Tipográfica Poliglota Vaticana. São Paulo, Paulus, 1997. À guisa de informação, todos os inclusivistas concordam quanto ao fato de que Deus quer salvar a todos e que Jesus é a base ontológica da salvação. Concordam que nem todo aquele que é salvo conhece Jesus, ou seja, descartam a crença epistemológica como condição necessária. Todavia, os inclusivistas discordam quanto a Deus trabalhar por meio de outras religiões ou apesar delas, pois a Bíblia contém tanto denúncia como aprovação de certas práticas religiosas extrabíblicas. Para maiores explicações acerca das nuances do inclusivismo, veja: SANDERS, John. "Christian Approaches to the Salvation of Non-Christians". In: MCKIM, Robert (org.). *Religious Perspectives on Religious Diversity*. Boston: Brill, 2016. p. 120-48. A presente obra trabalha a partir da perspectiva conservadora defendida por Pinnock, Sanders e outros. Para um exame acerca da percepção católica romana do assunto, veja: RAHNER, Karl (org.). *Encyclopedia of Theology*: The Concise Sacramentum Mundi. Nova York: Crossroad, 1991; *Curso fundamental da fé*. São Paulo: Paulinas, 1989; *Foundations of Christian faith*: An introduction to the idea of Christianity. Nova York: Seabury, 1978. p. 153-61, 170-5.

[2] GEISLER, Norman. *Teologia sistemática*. Trad. de Marcelo Gonçalves e Degmar Ribas. v. 2. Rio de Janeiro: CPAD, 2010. p. 342.

[3] SANDERS, John. "Inclusivismo". In: SANDERS (org.), *E aqueles que nunca ouviram?*, p. 26.

sejam condenadas por um Deus justo e amoroso embora elas nunca tenham tido a oportunidade de ouvir de Jesus".[4]

O professor Millard Erickson conta que essa era uma das questões mais problemáticas que ouvia dos alunos de uma faculdade cristã de artes liberais, perdendo apenas para a questão da origem do mal.[5] Ela assume dimensões ainda mais assustadoras diante de estimativas de que grande parte da população mundial nunca ouviu uma apresentação clara do evangelho, pelo menos não em seu próprio idioma.[6] E os motivos pelos quais o evangelho é apresentado a algumas pessoas e não a outras são pelo menos três:

1. A omissão da igreja de Cristo no cumprimento da Grande Comissão (Mateus 28:19-20; Marcos 16:15-16);
2. A oposição humana à pregação do evangelho (1Tessalonicenses 2:15-16);
3. A oposição de Satanás ao evangelho (1Tessalonicenses 2:18; 2Coríntios 4:4).[7]

TODOS QUE MORREM SEM OUVIR EVANGELHO ESTÃO PERDIDOS?

A questão que se coloca é a seguinte: O que dizer sobre o destino de incontáveis pessoas que viveram e morreram sem conhecer a graça divina manifesta em Jesus?[8] Estão todas irremediavelmente perdidas? Questionamentos como esses ensejam objeções ao cristianismo, como foi o caso de Porfírio — crítico do cristianismo no século 3 —, que perguntou: "Se Cristo se declara o caminho da salvação, a graça e a verdade, e afirma que apenas nele e para os que creem nele está o caminho de volta para Deus, o que aconteceu com

---

[4] OSBURN, Evert D. "Those Who Have Never Heard: Have They no Hope?". *Journal of the Evangelical Theological Society*. n. 32, v. 3. Set. 1989, p. 367-72. p. 368.

[5] ERICKSON, Millard. "Hope for Those Who Have Never Heard? Yes, But...". *Evangelical Missions Quarterly*. n. 11, v. 2. abr. 1975. p. 122. Apud OSBURN, "Those Who Have Never Heard", p. 368.

[6] GEISLER, *Teologia sistemática*, p. 342.

[7] VAILATTI, Expiação ilimitada, p. 105.

[8] SANDERS. *E aqueles que nunca ouviram?*, p. 13.

os que viveram nos muitos séculos antes de Cristo vir?"[9]

O que dizer sobre o destino de incontáveis pessoas que viveram e morreram sem conhecer a graça divina manifesta em Jesus? Estão todas irremediavelmente perdidas?

O inclusivismo entende que a principal questão a ser respondida é: "Será que Deus dará a oportunidade de salvação para aqueles que nunca foram apresentados à pessoa e à obra de Jesus Cristo?", ou, ainda, "Uma pessoa tem que estar ciente da obra de Cristo para se beneficiar dela?".[10] A fim de responder a essas perguntas intrigantes que reverberam desde os primórdios da era cristã, é importante conceituarmos a crença inclusivista, mostrando que existiram teólogos sérios ao longo da história do cristianismo que advogaram uma linha interpretativa diferente da que foi cunhada por Cipriano — *Extra eclesiam nullu salus* ("Fora da igreja não há salvação") —, endossada por Agostinho e propagada por Lutero e Calvino, e que ficou conhecida como *exclusivismo* ou *restritivismo*.

QUAL É A BASE PARA A SALVAÇÃO?

Se você perguntar a um exclusivista: "A fé em Cristo é necessária para a salvação?", ele responderá: "Sim. Se assim não for, o indivíduo estará irremediavelmente perdido". Caso a mesma pergunta seja feita a um inclusivista, a resposta será: "Sim, mas...". Essa resposta inclusivista é fruto do entendimento de que aqueles que são expostos ao evangelho precisam, necessariamente, confessar e receber Jesus Cristo como seu salvador pessoal. Ou seja, o critério "crer em Jesus Cristo" é a condição única de salvação para aqueles que tiveram acesso a essa verdade, por isso o "sim" da resposta.

[9] PORFÍRIO, citado por Agostinho em uma carta a Deogratias. Apud SCHAFF, Phillip (org.). *Nicene and Post-Nicene Fathers*. série 1, v. 1. Grand Rapids: William B. Eerdmans, 1974. p. 416. Apud SANDERS, "Christian Approaches to the Salvation of Non-Christians", p. 120.

[10] SANDERS, John. "Is Belief in Christ Necessary for Salvation?". *The Evangelical Quarterly*. n. 60, v. 3. Set. 1988. p. 241-59. p. 242.

No entanto, o "mas..." diz respeito ao fato de que a pregação do evangelho é o meio por excelência pelo qual o pecador recebe a salvação; não obstante, não é o único meio. Em outros termos, como bem observou o biblista Dr. Carlos Augusto Vailatti, "a salvação [é] possível a qualquer um que responda em fé à autorrevelação geral de Deus na natureza e na consciência. Desse modo, a fé em Cristo é o critério para a salvação daqueles que *ouviram* falar de Cristo e que *podem* responder à mensagem ouvida".[11] Ele conclui:

> A fé em Cristo não pode ser o critério para a salvação daqueles que nunca ouviram falar de Cristo e/ou não podem responder à mensagem do evangelho (p. ex., personagens veterotestamentários, povos não evangelizados, criancinhas e portadores de deficiências mentais). Entretanto, todos aqueles que vierem a ser salvos só o serão em razão da morte expiatória de Cristo, ainda que não tenham um conhecimento consciente desse fato.[12]

É fundamental destacar que o inclusivismo concorda com o exclusivismo em dois de três pontos: concordam que (1) o cristianismo é a única religião verdadeira e (2) Cristo é o único salvador. Quer dizer, concordam que Jesus Cristo é a base ontológica da salvação. Ou seja, todo e qualquer ser humano na história da humanidade que desfrutou da salvação só pôde fazê-lo por conta dos méritos de Cristo, tenha ele ciência disso ou não. A discordância está no terceiro ponto: a exclusividade da pregação do evangelho como meio de salvação. Ainda que concordem que Jesus é base *ontológica*, discordam no campo *epistemológico*. Trocando em miúdos, a exigência de crer em Jesus ocorre na medida em que a pessoa possui condições de fazê-lo. Tal critério não será requerido dos crentes da antiga aliança, os quais evidentemente foram salvos mesmo não crendo na pessoa de Jesus Cristo, uma vez que Jesus não existia enquanto personagem histórica; como também

---

[11] EDVALDO, Everton. "Entrevista exclusiva com o pastor Carlos Augusto Vailatti". *Esquina da Teologia Pentecostal*. Disponível em: https://esquinapentecostal.blogspot.com/2017/07/entrevista-exclusiva-com-o-pastor.html. Acesso em: 11 dez. 2023.

[12] EDVALDO, "Entrevista exclusiva com o pastor Carlos Augusto Vailatti".

não será exigido de crianças que morrem antes da idade da razão e dos mentalmente incapazes.

Assim sendo, para os exclusivistas, a crença em Cristo é extremamente necessária para a salvação, de modo que, se alguém não crer, padecerá eternamente. Para os inclusivistas, Deus salva as pessoas somente por Cristo, mas aqueles que não ouviram sobre vida e obra de Jesus poderão ser salvos pela fé em Deus como lhes é revelado na criação e providência.[13] A conclusão lógica a respeito disso é que "Jesus morreu pelo mundo e Deus está trabalhando no coração de cada pessoa para atraí-la para si mesmo",[14] de maneira que a presença salvadora de Deus está no mundo de forma mais ampla.[15]

Para os inclusivistas, Deus salva as pessoas somente por Cristo, mas aqueles que não ouviram sobre vida e obra de Jesus poderão ser salvos pela fé em Deus como lhes é revelado na criação e providência.

O SER HUMANO PODE RECEBER UM PRESENTE SEM SABER DE QUEM VEIO

O escritor e missionário Norman Anderson, em seu livro *Christianity and World Religions: The Challenge of Pluralism* [Cristianismo e religiões mundiais: o desafio do pluralismo], concorda com esse pensamento quando diz acreditar que existe a possibilidade de povos ocultos serem salvos quando, por meio da graça e pela fé, reconhecem sua necessidade e se arrependem diante de Deus, buscando seu perdão. Anderson acredita que "O Deus de misericórdia pode trabalhar no coração dos pagãos pelo seu Espírito, levando-os em alguma medida a perceberem seu pecado e sua

---

[13] SANDERS, *E aqueles que nunca ouviram?*, p. 17

[14] JACKSON, Kevin. "The Case For Inclusivism". *Wesleyan Arminian*. Disponível em: https://wesleyanarminian.wordpress.com/2012/01/25/the-case-for-inclusivism/. Acesso em: 24 abr. 2019.

[15] PINNOCK, Clark. *A Wideness in God's Mercy*: The Finality of Jesus Christ in a World of Religions. Grand Rapids: Zodervan, 1992. p. 14-5.

necessidade de perdão, e capacitando-os, por assim dizer, a se entregarem à misericórdia de Deus".[16] O escritor C. S. Lewis cria piamente que pessoas de outras religiões estariam sendo guiadas pela influência secreta de Deus para se concentrarem naqueles pontos de sua religião que estão de acordo com o cristianismo e, assim, pertencem a Cristo sem saber.[17] O teólogo batista Augustus Strong concorda quanto à possiblidade de ser salvo sem que o perdido necessariamente tenha ciência da vida e obra do Salvador. Ele diz que "o homem pode receber um presente sem saber de quem ele vem ou quanto custou. Desse modo, o pagão, que se lança como um pecador na misericórdia de Deus, pode receber a salvação do Cristo crucificado sem saber quem é o doador ou sem saber que o presente foi comprado pela agonia e pelo sangue".[18]

É importante dizer que o inclusivismo não é, em hipótese alguma, uma válvula de escape para as religiões monoteístas que rejeitam Cristo como Salvador. Todo aquele que tem acesso a Jesus precisa confessá-lo como Salvador pessoal, pois "Todo o que nega o Filho também não tem o Pai" (1João 2:23). O pensamento otimista dos inclusivistas não flerta com o universalismo, visto que os povos não alcançados pela mensagem evangelística serão igualmente julgados. Contudo, como bem observou Clark Pinnock em seu artigo "Toward an Evangelical Theology of Religions" [Por uma teologia evangélica das religiões], Deus julga os pagãos a partir "da luz que eles têm, não de acordo com a luz que não os alcançou. Deus condena aqueles que realmente são seus inimigos, mas seu julgamento levará em conta o que as pessoas estão conscientes, o que elas anseiam, o que elas sofreram, o que fazem por amor, e assim por diante".[19] O comentário que Everett Harisson faz de Romanos 2:14-16 parece concordar com o fato de que Deus julgará cada um

---

[16] ANDERSON, Norman. *Christianity and World Religions*: The Challenge of Pluralism. Downers Grove: InterVarsity, 1984. p. 148-9. Apud OSBURN, "Those Who Have Never Heard", p. 368.

[17] LEWIS, C. S. *Cristianismo puro e simples*. São Paulo: Martin Fontes, 2005. p. 54, 65, 176.

[18] STRONG, Augustus. *Teologia Sistemática*. Trad. de Augusto Victorino. v. 2. São Paulo: Hagnos, 2007. p. 1485.

[19] PINNOCK, Clark. "Toward an Evangelical Theology of Religions". *Journal of the Evangelical Theological Society*. n. 33, v. 3. Set. 1990, p. 359-68. p. 368.

conforme a medida da graça que este recebeu; nesse contexto, ele demonstra otimismo quanto aos não evangelizados:

> Esta passagem dá alguma luz sobre o destino eterno daqueles que nunca ouviram o evangelho. Como Deus lidará com essas pessoas no dia do juízo? Estes versículos parecem indicar que ele observará suas ações tal como observará as ações daqueles que conhecem a lei, e daqueles que ouviram o evangelho, e que ele julgará todos de acordo com tais observações.[20]

Como já dissemos, os que têm informações e, portanto, condições de responderem à fé em Cristo, deverão assim proceder. Contudo, os que não possuem acesso à revelação especial de Deus responderão conforme o que receberam de luz.

[20] HARISSON, Everett. *Comentário Bíblico Moody*. Trad. de Yolanda M. Krievin. v. 5. São Paulo: Editora Batista Regular, 2001. p. 14.

CAPÍTULO 2

Argumentos do inclusivismo

Antes de apresentar alguns dos principais argumentos inclusivistas, devemos destacar que não estamos falando de uma crença que surgiu recentemente. Trata-se de uma linha de interpretação muito bem sedimentada ao longo da história do cristianismo, que dentre os seus principais defensores tem os pais da igreja Justino Mártir, Irineu, Clemente de Alexandria e Clemente de Roma; o reformador Ulrico Zuínglio; o teólogo holandês Jacó Armínio; e também John Wesley, C. S. Lewis e Billy Graham. Portanto, trata-se de uma proposição coerente que vem sendo defendida dos primórdios da era cristã até os dias atuais.

Assim como muitas outras doutrinas bíblicas, a exemplo da depravação total e da Trindade, o termo "inclusivismo evangélico" não aparece nas Escrituras, todavia, o ensino, sim. Muito embora não haja textos bíblicos que declarem: "Assim diz o Senhor: Eu salvarei aqueles que sinceramente me buscarem dentro do contexto de sua própria fé, mesmo que eles não tenham uma revelação especial de Jesus Cristo", é importante ressaltar que essa doutrina se insere na categoria de conhecimentos bíblicos tácitos, compreendidos por meio da interpretação sistemática do texto sagrado.

A ACESSIBILIDADE UNIVERSAL DA SALVAÇÃO[1]

Um dos argumentos que norteiam a crença inclusivista é a acessibilidade universal da salvação, que está diretamente relacionada

---

[1] A questão da acessibilidade está diretamente ligada à intenção salvífica de Deus. Há um debate que perdura há séculos no campo da doutrina da salvação acerca da extensão do

à extensão do sacrifício de Cristo. Muitos textos bíblicos demonstram o desejo universal de Deus de salvar mais do que um pequeno grupo de eleitos (2Pedro 3:9; 1Timóteo 2:4).

O teólogo canadense Pinnock entende que a vontade salvífica universal de Deus aponta para o desejo declarado (e, portanto, sério) de Deus de salvar toda a raça perdida no pecado. Como disse Paulo: "Porque a graça de Deus se manifestou salvadora a todos os homens" (Tito 2:11), e "[Deus, nosso Salvador,] deseja que todos os homens sejam salvos e cheguem ao conhecimento da verdade" (1Timóteo 2:4).

Se Deus deseja a salvação de todos, e se Jesus Cristo morreu por todos, logo todos devem estar pessoalmente qualificados para receber a provisão de salvação de Deus em Cristo. Para Pinnock, "Se Deus realmente ama o mundo inteiro e deseja que todos sejam salvos, segue logicamente que todos devem ter acesso à salvação. Teria de haver uma oportunidade para todas as pessoas participarem na salvação de Deus".[2]

Se Deus deseja a salvação de todos, e se Jesus Cristo morreu por todos, logo todos devem estar pessoalmente qualificados para receber a provisão de salvação de Deus em Cristo.

Para endossar o argumento da acessibilidade universal, é importante citar Atos 17:30, que diz: "No passado, Deus não levou em conta essa ignorância, mas agora ordena que todos, em todo lugar, se arrependam". Segundo Vailatti, "é impossível encontrar uma declaração do amor salvador universal divino mais explícita do que

---

sacrifício de Jesus Cristo. Paul Enns escreve: "Por quem Cristo morreu? Alguns sugerem que Cristo morreu somente pelos eleitos, enquanto outros enfatizam que a morte de Cristo foi universal – ele morreu por todos embora nem todos sejam salvos". (ENNS, Paul. *Manual de teologia Moody*. Trad. de Élcio Bernadino Correia. São Paulo: Batista Regular do Brasil, 2014. p. 379.(Para uma introdução à extensão da expiação de Jesus Cristo, veja: PICIRILLI, Robert. *Graça, fé e livre-arbítrio:* Visões contrastante da salvação: calvinismo e arminianismo. Trad. de Rejane Ferreira Caetano Eagleton. São Paulo: Reflexão, 2017; OWEN, John. *Por quem Cristo morreu?* Trad. de Sylvia E. de Oliveira. São Paulo: PES, 1996; SPROUL, R. C. *Eleitos de Deus*. Trad. de Gilberto Carvalho Cury. São Paulo: Cultura Cristã, 2009.

[2] PINNOCK, *A Wideness in God's Mercy*, p. 157.

esta".[3] Em textos como esses, as interpretações calvinistas geralmente dizem respeito a um "chamado geral" e "chamado eficaz", ou à "vontade revelada" e à "vontade secreta". Essas interpretações tornam o texto inconsistente, uma vez que pressupõe que Deus ordenou que as pessoas fizessem o que ele tornou impossível fazer; ou que Deus oferece o evangelho a todos, mas, na verdade, intenciona que apenas alguns, isto é, os eleitos, o recebam.[4] Segundo Luke Johnson, historiador do cristianismo primitivo, "o tema do arrependimento (*metanoia*) universal [também] é apresentado em Lucas 24:47, mas esta [Atos 17:30] é a sua expressão mais explícita".[5] As palavras registradas por Lucas não são direcionadas especialmente aos eleitos, mas a todos os homens e "em todo lugar", expressando assim "a destinação universal desta salvação oferecida pela misericórdia de Deus".[6] Portanto, Deus oferece *sinceramente* o evangelho a todos, pois todos podem crer nele (não somente os eleitos) e, consequentemente, ser salvos (Marcos 16:15-16).[7]

A acessibilidade universal nas epistolas pastorais

Podemos perceber uma doutrina da salvação otimista nas cartas pastorais, sobretudo nos textos de 1Timóteo 2:3-6; 4:10 e Tito 2:11, os quais, de acordo com William Holtzen, professor de filosofia e teologia, são passagens que "ensinam que Deus deseja que todos venham e experimentem a salvação e o conheçam como Senhor".[8]

Em 1Timóteo, podemos notar que Deus tornou efetivamente a salvação possível para todas as pessoas por meio da obra de Jesus Cristo:

---

[3] VAILATTI, *Expiação ilimitada*, p. 106.

[4] VAILATTI, *Expiação ilimitada*, p. 102-3.

[5] JOHNSON, Luke. *The Acts of the Apostles.* Sacra Pagina Series. v. 5. Collegeville: The Liturgical Press, 1992. p. 317. Apud VAILATTI, *Expiação ilimitada*, p. 105-6.

[6] BONNET, L.; SCHROEDER, A. Comentario del Nuevo Testamento: Juan y Hechos.. Tomo 2. El Paso: Casa Bautista de Publicaciones, 1982. p. 582. Apud VAILATTI, *Expiação ilimitada*, p. 106.

[7] VAILATTI, *Expiação ilimitada*, p. 121. Para os argumentos comumente empregados pelos arminianos para apoiar a doutrina da expiação ilimitada, veja p. 94-121.

[8] HOLTZEN, William. *A Critical and Constructive Defence of the Salvific Optimism of Inclusivism.* 2005. 124 f. Tese (Mestrado em Teologia) - Universidade da África do Sul, Pretoria. p. 74.

> [Deus, nosso Salvador], que deseja que todos os homens sejam salvos e cheguem ao conhecimento da verdade. Pois há um só Deus e um só mediador entre Deus e os homens: o homem Cristo Jesus, o qual se entregou a si mesmo como resgate por todos. Esse foi o testemunho dado em seu próprio tempo. (1Timóteo 2:4-6)

Jesus não pagou uma dívida por alguns e não por outros, mas para todos os seres humanos. Esse é um texto que, sem dúvidas, expressa a acessibilidade universal da salvação, pois demonstra tanto o intento salvífico divino como a extensão do sacrifício vicário de Cristo que, de igual modo, é universal.

Outro texto que também expressa a expiação universal é 1Timóteo 4:10: "Se trabalhamos e lutamos, é porque temos colocado a nossa esperança no Deus vivo, o Salvador de todos os homens, especialmente dos que creem". Segundo Erickson, em sua *Teologia sistemática*, "parece que o Salvador fez algo em favor de todas as pessoas, ainda que em um grau menor em comparação aos que creem".[9] Robert Picirilli observou que o trecho "o Salvador de todos os homens" fala de provisão, e o trecho "[Salvador] especialmente dos que creem" fala de aplicação.[10] John Kelly, em seu comentário às carta pastorais, escreve que o verso de 1Timóteo 4:10 "repete o pensamento de 2:4 [...], onde é afirmado que a vontade de Deus é a salvação de todos os homens".[11] Isso posto, vemos que Cristo morreu por todos os homens e por cada um ("temos depositado a nossa esperança no Deus vivo, Salvador de todos os homens"), embora somente os crentes sejam salvos ("especialmente dos que creem").

Desse modo, parece que as epístolas pastorais são representativas da mensagem do evangelho que Paulo pregou. Nesse sentido, William Mounce, estudioso do grego, afirma com ousadia: "Não há exclusivismo no evangelho de Paulo".[12]

---

[9] ERICKSON, Millard. *Teologia sistemática*. Trad. de Robinson Malkomes, Valdemar Kroker e Tiago Abdalla Teixeira Neto. São Paulo: Vida Nova, 2015. p. 798.

[10] PICIRILLI, *Graça, fé e livre-arbítrio*, p. 166.

[11] KELLY, John. *I e II Timóteo e Tito*. São Paulo: Vida Nova, 1991. p. 100.

[12] MOUNCE, William. *Word Biblical Commentary*. Volume 46. Pastoral Epistles Waco: Word Books, 2000. p. 256. Apud PICIRILLI, *Graça, fé e livre-arbítrio*, p. 166.

No que se refere à acessibilidade universal da salvação, vimos que a intenção da expiação tem dimensão universal, uma vez que foi proporcionada a toda humanidade, sob a condição da fé em Cristo (João 3:16; 1Timóteo 4:10). Além do mais, a extensão da salvação segue a sua dimensão, uma vez que Cristo morreu por toda a raça humana, e não apenas por um pequeno grupo seleto (1João 2:2). Nota-se também que, se o pecado tem alcance universal, pois "todos pecaram" (Romanos 3:23), exigiu-se que a morte de Cristo possuísse alcance correspondente, sendo oferecida em proporções universais. De sorte que "Deus sujeitou *todos* sob a desobediência para exercer misericórdia para com *todos*" (Romanos 11:32, grifo do autor).

Portanto, constatamos o desejo magnânimo de Deus de salvar a todo ser humano. Jesus morreu pelos pecados de todas as pessoas (Romanos 5:18; 2Coríntios 5:15; 1João 2:2). Além disso, Deus quer que a salvação, que Jesus tornou possível, esteja disponível a todas as pessoas. É a vontade de Deus para todos que todos tomem parte nessa grande bênção (João 12:32; 1Timóteo 2:4). Deus não deseja que ninguém pereça, mas que todos venham ao arrependimento (2Pedro 3:9). A partir disso, depreende-se que Deus possibilitará condições de salvação a todos. Uma vez que a pregação do evangelho depende de alguns fatores, logo, a maneira de alcançar a todos, que é equivalente ao intento salvífico universal de Deus, é a revelação geral — providência, senso de moralidade e rastros que deixou de si nas diversas culturas. Afinal de contas, se Deus não fizesse um esforço genuíno para salvar os não evangelizados, poderíamos dizer que Deus deseja que eles venham à fé?

A REVELAÇÃO GERAL

Outro dos argumentos utilizados pelos inclusivistas se refere à revelação geral. "Revelação" (no grego, *apokalupsis*) significa "desvelar; descobrir". Nesse sentido, "a revelação é, assim, o desvelar de Deus ao homem, no qual ele revela a verdade sobre si mesmo ao homem, o que de outra forma seria impossível".[13] A revelação geral

[13] ENNS, *Manual de teologia Moody*, p. 205.

de Deus pode ser encontrada na natureza, na história e na consciência. Henry Thiessen afirma que ela "é comunicada por meio de fenômenos naturais que ocorrem na natureza ou no decorrer da história; é endereçada a todas as criaturas inteligentes de modo geral e é acessível a todos; tem por objetivo suprir a necessidade natural do homem e a persuasão da alma para buscar o Deus verdadeiro".[14]

Quanto ao papel salvífico, muitos estudiosos têm dado conotação negativa à revelação geral, no sentido de que ela não seria suficiente para salvar. Alguns dos que defendem essa ideia são Michael Horton, Paul Enns, Leon Morris, Henry Thiessen, John Piper, Wayne Grudem;[15] no Brasil, ela é defendida pelas denominações que subscrevem a Confissão de Fé de Westminster — confissão de fé reformada, de orientação calvinista —, como a Igreja Presbiteriana do Brasil. Os defensores dessa proposta concluem que a revelação geral apenas condena,[16] uma vez que não possui informações suficientes para salvar.

No entanto, tal entendimento é complicado, uma vez que apresenta um tipo de Deus que dá ao ser humano conhecimento suficiente para condená-lo, mas não o suficiente para salvá-lo. A percepção de Deus na criação tem possibilidades negativas e positivas. Além do mais, a ideia de que a revelação geral tão somente é "condenativa", ao que parece, envolve dois erros sérios:

1. A revelação, quer geral, quer especial, nem condena nem salva; ela "simplesmente" revela; na verdade, é Deus quem condena e/ou salva. E Deus pode agir por qualquer meio que ache apropriado a fim de alcançar a todos.

---

[14] THIESSEN, Henry. *Palestras introdutórias à teologia sistemática*. São Paulo: Imprensa Batista Regular do Brasil, 2001. p. 10.

[15] HORTON, Michael. *Doutrinas da fé cristã*. Trad. de João Paulo Thomaz de Aquino. São Paulo: Cultura Cristã, 2016. p. 151-4; ENNS, *Manual de teologia Moody*, p. 168-72; MORRIS, Leon. *Creo en la revelación*. Miami: Caribe, 1979. p. 223. Apud PRICE, Donald E. (org.). *Que será dos que nunca ouviram?* São Paulo: Vida Nova, 2004. p. 58; THIESSEN, *Palestras introdutórias à teologia sistemática*, p. 196; PIPER, John. *Jesus, o único caminho para Deus*. Trad. de Neuza Batista da Silva. São Paulo: Cultura Cristã, 2013. p. 79, nota 8; GRUDEM, Wayne. *Teologia sistemática*. Trad. de Norio Yomakami, Lucy Yamakami, Luiz A. T. Sayão e Eduardo Pereira e Ferreira. Vida Nova: São Paulo, 1999. p. 84.

[16] MOODY, Dale. *The World of Truth*: A Sumary of Chrstian Doctrine Based on Biblical Revelation. Grand Rapids: Eerdmans, 1990. p. 59.

2. Dizer que o Deus conhecido por intermédio da criação condena, enquanto o Deus conhecido por meio da Bíblia salva, soa como se houvesse dois deuses — um condenando e o outro salvando. Mas há apenas um Deus, o qual, por meio do seu Espírito Santo, está ativamente buscando os perdidos onde quer que estejam.

Revelação geral e providência como instrumento de salvação?

Todd Mangum, professor de teologia missional, se considera agnóstico quanto ao assunto, embora defenda que uma pequena minoria de não evangelizados possa ser atraída a Deus de maneira excepcional pelo Espírito Santo. Ao comentar Romanos 1:19-20, que fala sobre a revelação geral de Deus, Mangum tece uma crítica contundente aos teólogos reformados que muito rapidamente concluem que a revelação geral, apesar de comunicar informações precisas sobre Deus que são suficientes para tornar os seres humanos indesculpáveis, é insuficiente como revelação salvífica viável, mesmo se as pessoas respondessem concordemente a ela. Segundo Mangum:

> Romanos 1 não comporta essa conclusão e, eu sugiro, ela realmente contraria a direção do argumento de Romanos 1. Todos concordam que as pessoas castigadas em Romanos 1 são consideradas culpáveis por rejeitarem a revelação fornecida por Deus. Se o conteúdo da revelação descrito em Romanos 1 fosse inerentemente insuficiente para iniciar um relacionamento salvífico com Deus, a passagem retrataria Deus condenando as pessoas por não conseguirem atravessar uma ponte que teria desmoronado se tivessem tentado atravessá-la. Essa ideia duvidosa, comumente, mas nem sempre, mantida por teólogos reformados, sugere que a revelação geral é realmente projetada por Deus para maldição — o que, na melhor das hipóteses, é uma inferência não abordada por Romanos 1.[17]

---

[17] MANGUM, Todd. "Todd Is there a Reformed Way to get the Benefits of The Atonement to 'Those who Have Never Heard'?" *Journal of the Evangelical Theological Society*, n. 47, v. 1, mar. 2004. p. 121-36. p. 127, nota 16.

Millard Erickson diz que não só Romanos 1—2, mas também 10:18 demonstra uma revelação disponível na criação que abre caminho para pessoas que não ouviram falar de Cristo serem salvas. Segundo ele, os elementos essenciais da "mensagem evangélica" na natureza são:

> (1) A crença num Deus bom e poderoso. (2) A crença de que ele (homem) deve a este Deus obediência perfeita à sua lei. (3) A consciência de que não cumpre essa norma e, portanto, é culpado e condenado. (4) A constatação de que nada do que ele pode oferecer a Deus pode compensar (ou reparar) esse pecado e essa culpa. (5) A crença de que Deus é misericordioso e irá perdoar e aceitar aqueles que se lançam sobre sua misericórdia.

Então ele pergunta:

> Não seria possível um homem, que crê e age com base nesse conjunto de princípios, tornar-se família de Deus e receber os benefícios da morte de Cristo por meio da redenção, quer ele conscientemente saiba e compreenda os detalhes dessa provisão, quer não? Provavelmente esse foi o caso dos crentes do Antigo Testamento [...]. Se é possível, se judeus da era do Antigo Testamento possuíam a salvação simplesmente por terem a forma, mas não o conteúdo, do evangelho cristão, esse princípio não pode ser aplicado a outros? Aqueles que, desde os dias de Cristo, não tiveram a oportunidade de ouvir o evangelho, uma vez que este vem por meio da revelação especial, estes não poderiam participar dessa salvação pelos mesmos motivos? Por quais outros seriam justamente responsabilizados por terem ou não salvação (ou fé)?[18]

Erickson, embora tenha uma compreensão inclusivista da salvação, ainda assim é pessimista quanto à sua possibilidade, tanto que diz: "O que Paulo está dizendo no restante de Romanos é que muito poucos, se houver algum, chegam, de fato, a um conhecimento salvífico de Deus apenas com base na revelação natural".[19]

---

[18] ERICKSON, Millard. "Hope for Those Who Haven't Heard? Yes, But...". *Evangelical Missions Quarterly*. n. 11, v. 2. abr. 1975. p. 124-5. Apud PIPER, *Jesus, o único caminho para Deus*, p. 27-8.
[19] ERICKSON, "Hope for Those Who Haven't Heard? Yes, But...", p. 124-5. Apud PIPER, *Jesus, o único caminho para* Deus, p. 27-8

O TESTEMUNHO QUE DEUS FAZ DE SI

Um terceiro argumento dos inclusivistas é o testemunho que Deus faz de si mesmo a todas as pessoas no que diz respeito a ser ele o criador (Salmos 19; Romanos 1:20). Ele colocou sinais nos céus (Deuteronômio 4:19) e estabeleceu as estações a fim de que pudéssemos buscá-lo e encontrá-lo (Atos 14:17; 17:26-27). Ademais, Deus tem se manifestado ao longo da história não apenas como criador, mas também como sustentador, cuidando da criação e provendo o que é necessário. Tanto é que os profetas do Antigo Testamento declaram que os israelitas eram portadores da revelação especial, mas, ainda assim, não foram os únicos para quem Deus promovera um êxodo (Amós 9:7) ou providenciara uma terra (Deuteronômio 2:5,9,21,22). Deus não se limitou a agir nas fronteiras de Israel, mas cuidava dos outros povos também. Aliás, Deus estava agindo por intermédio de Israel para concretizar o ato de redenção (ou seja, Jesus) que providenciaria o fundamento para a salvação do mundo inteiro. Mas isso não anula os atos redentores de Deus em outros lugares. De fato, existem pessoas não evangelizadas; contudo, isso não significa que estas não são alcançadas por Deus. Ele não limita sua bondade pelo conhecimento que se tem dele. "Uma vez que os não evangelizados estão em contato com Deus, eles estão em contato com o Deus que salva. O Deus de toda revelação usa quaisquer meios que estejam à sua disposição para trazer pessoas a uma relação de fé consigo".[20]

Certamente, o testemunho que Deus faz de si é um dos argumentos que possivelmente mais causa estranheza aos exclusivistas. Eles objetam dizendo que, sendo assim, as pessoas podem se salvar por sua própria força de vontade ou atitudes. Portanto, cabe salientarmos algumas questões.

A primeira é que, sem a obra do Espírito Santo, o qual está agindo neste mundo para convencer as pessoas do pecado e converter seus corações pecaminosos a Deus, ninguém pode ir a Deus.

---

[20] SANDERS, John. "Réplica a Fackre/Sanders 4". In: SANDERS (org.), *E aqueles que nunca ouviram?*, p. 108.

Independentemente da fonte de revelação, seja por meio da criação, seja pelas Escrituras, há um direcionamento comum, operado pelo mesmo Espírito, a Deus. A segunda questão é que a justiça não decorre de nossos próprios méritos, mas sim de Cristo, e nos é atribuída pela fé em Deus, seja ele concebido como o Criador, seja como o Encarnado. O Espírito Santo busca nutrir essa fé em nós a despeito da forma de revelação que experimentamos. Por fim, não estamos ignorando a condição pecaminosa daqueles que ainda não foram evangelizados, uma vez que o Espírito Santo procura levá-los de volta a Deus, começando pelo arrependimento; mas temos consciência de que esse objetivo não está além da capacidade ou sabedoria do Espírito.

Independentemente da fonte de revelação, seja por meio da criação, seja pelas Escrituras, há um direcionamento comum, operado pelo mesmo Espírito, a Deus.

Como um morto espiritualmente pode ir até Deus?

A fim de corroborar com o primeiro argumento apontado anteriormente, de que o Espírito Santo está agindo no mundo, é fundamental lançarmos mão do conceito de graça preveniente, um termo que se refere simplesmente à graça de Deus convincente, convidativa, iluminadora e capacitadora, que antecede a conversão e torna o arrependimento e a fé possíveis.[21] John Wesley, teólogo metodista, compreendia a graça preveniente em três termos:

1. **antropológico**: ênfase na imagem de Deus que permanece no ser humano após a Queda, a qual forma a base da consciência moral e explica o comportamento virtuoso entre os descrentes;

[21] OLSON, Roger. *Teologia arminiana*: Mitos e realidades. Trad. de Wellington Carvalho Mariano. São Paulo: Reflexão, 2013. p. 45. Veja também NASCIMENTO, Valmir. *Graça preveniente*: Um estudo sobre o gracioso agir de Deus para a salvação humana. São Paulo: Reflexão, 2016.

2. **cosmológico**: ênfase na autorrevelação divina, que é visível na criação;
3. **pneumatológico**: ênfase na ação do Espírito Santo de Deus, que ilumina a mente e desperta do sono do pecado.

Para Wesley, a revelação geral de Deus e a consciência do ser humano também são aspectos da graça preveniente. Dessa forma, a graça preveniente não é eventual, ela atua no coração do ser humano de uma ou de outra maneira, com maior ou menor intensidade, não se restringindo ao momento da pregação do evangelho.[22]

Ainda segundo Wesley, essa graça "é peculiar a todos os homens numa maior ou menor medida, porque não há homem que esteja num estado de mera natureza; não há homem, a menos que ele tenha apagado o Espírito, que seja totalmente esvaziado da graça de Deus".[23] O principal versículo utilizado para basear esse entendimento é João 12:32: "Mas eu, quando for levantado da terra, atrairei todos a mim".[24] Com efeito, é uma atração divina que compreende todas as pessoas por meio da cruz de Cristo, englobando também a pregação da Palavra. Conforme o pensamento de Wesley, Jeff Panton afirma:

> Todos têm alguma medida dessa luz, um raio fraco que, mais cedo ou mais tarde, mais ou menos, ilumina todo homem que vem ao mundo. E cada um, a menos que seja um dos poucos cuja consciência esteja cauterizada com ferro quente, se sente mais ou menos desconfortável quando age de modo contrário à luz de sua própria consciência. Assim, nenhum homem peca porque não tenha graça, mas porque não usa a graça que ele tem.[25]

Desse modo, vemos que, a despeito da condição de morte espiritual em que o ser humano à parte da graça de Deus se encontra

---

[22] NASCIMENTO, *Graça preveniente*, p. 99.

[23] CAMPOS, Heber Carlos. "Graça preveniente na tradição arminiana/wesleyana". *Fides Reformata*, n. 1, v. 17, 2012, p. 33.

[24] MARIANO, Wellington. *O que é a teologia arminiana?* São Paulo: Reflexão, 2015. p. 41.

[25] PATON, Jeff. *Prevenient Grace*. Apud CAMPOS, "Graça preveniente na tradição arminiana/wesleyana", p. 34.

(Efésios 2:1-3), por meio da graça preveniente, Deus tem assistido a todos a fim de alcançá-los. Pinnock declara:

> O Espírito incorpora a graça preveniente de Deus e efetiva aquela ação de Jesus Cristo, de atração universal. O mundo é a arena da presença de Deus, e o Espírito bate à porta de todo coração humano, preparando pessoas para a vinda de Cristo; o Espírito está sempre trabalhando para realizar o cerne salvador da promessa de Deus para o mundo. Do Espírito flui essa graça universal que busca levar todas as pessoas à luz e ao amor mais pleno.[26]

Pagãos buscando o Criador

Empiricamente, vemos grupos étnicos e povos nos quais Deus vinha agindo de forma redentora antes mesmo da chegada de missionários cristãos, conforme relata o missionário e antropólogo Don Richardson em seu livro *O fator Melquisedeque*.[27] O nome da obra faz referência a Melquisedeque, um rei-sacerdote a quem Abraão pagou dízimo. Esse fato, segundo o autor de Hebreus, indica que Abraão considerou Melquisedeque portador de uma revelação superior à sua própria (7:6-7).[28] De acordo com Richardson, a superioridade espiritual de Melquisedeque em relação a Abraão parece residir no que o rei-sacerdote *representava* em contraste com o que era representado por Abraão na economia de Deus.

A análise de Richardson mostra que houve um reconhecimento mútuo entre Abraão e Melquisedeque, que cultuavam o mesmo Deus, mas o conheciam por nomes diferentes. Partindo desse pressuposto, Richardson fala sobre a percepção que todas as culturas têm do Deus supremo. Em seu livro, ele enumera quais divindades encontrou: entre os incas, *Wirarocha*; entre os santal, da Índia, *Thakur Jiu*; *Magano* para o povo gedeo da Etiópia; *Koro* nas tribos banto da África; *Shang Ti* para chineses e *Hananin* para coreanos.

---

[26] PINNOCK, Clark. "An Inclusivist View". In: OKHOLM, Dennis L.; PHILLIPS, Timothy R. (orgs.). *Four Views on Salvation in a Pluralistic World*. Grand Rapids: Zondervan, 1996. p. 104-5

[27] RICHARDSON, Don. *O fator Melquisedeque:* O testemunho de Deus nas culturas por todo o mundo. Trad. de Neide Siqueira. São Paulo: Vida Nova, 2008.

[28] RICHARDSON, *O fator Melquisedeque*, p. 34.

Essa seria a presença da revelação divina e verdadeira entre alguns povos, anterior e à parte da revelação específica dada a Abraão e seus descendentes.[29]

Richardson mostra que há numerosos povos e indivíduos que têm buscado o Deus Criador — ou Altíssimo. Às vezes, essas pessoas contam histórias que possuem notáveis paralelos a relatos bíblicos, tais como a Criação e o dilúvio. Outros afirmam que perderam um importante "livro" sobre o Deus Criador e esperam ouvir novamente sobre ele, como é o caso dos karens em Mianmar (antiga Birmânia), que aguardavam o "irmão branco com [...] um livro parecido com aquele que seus antepassados perderam há muito tempo [...]. Eles diziam que o autor é *Y'wa* — O Deus Supremo. Diziam também [...] que o irmão branco, ao dar-lhes o livro perdido, irá assim libertá-los de todos os que os oprimem".[30] Nessa cultura, há uma história relativa ao distanciamento do ser humano em relação a Deus, semelhante ao capítulo 1 de Gênesis, e uma canção de esperança a respeito de um rei que vai voltar.

Aliás, é incrível como, na busca pelo Criador, os karens observavam práticas extremamente semelhantes às cristãs: cantando hinos que exaltavam a eternidade de *Y'wa* e o fato de ele ser o Criador; demonstrando profunda apreciação pela onipotência e onisciência de *Y'wa*; citando provérbios contra idolatria; enfatizando o dever do ser humano em amar a Deus e ao próximo; fazendo chamados ao arrependimento; advertindo acerca da importância da oração, entre outros.[31] Há relatos impressionantes sobre a similaridade entre os karen em sua busca pelo Criador e o relacionamento que nutriam com ele, apesar de não "conhecê-lo" conforme o relato bíblico.

Não seria exagero comparar os karens — que aguardavam a vinda do "irmão branco", portador do "livro perdido", para lhes falar de forma mais clara acerca do *Y'wa*, o Deus supremo — com os crentes pré-messiânicos, pensando em termos das informações

---

[29] REINKE, André D. *Os outros da Bíblia*: História, fé e cultura dos povos antigos e sua atuação no plano divino. Rio de Janeiro: Thomas Nelson Brasil, 2019. p. 166.

[30] RICHARDSON, *O fator Melquisedeque*, p. 84.

[31] RICHARDSON, *O fator Melquisedeque*, p. 87-94.

que possuíam sobre Cristo, no sentido de que estes também aguardavam a revelação especial de Deus.[32] Em 1817, Adoniran Judson, um missionário batista norte-americano muito piedoso, chega à Birmânia, e num curto espaço de tempo houve um avivamento sem igual entre os povos dessa nação. Mas e quanto aos que morreram antes da chegada do "irmão branco"? Podemos crer que foram salvos, uma vez que nutriam fé em *Y'wa* — o Deus supremo —, assim como os crentes pré-messiânicos?

Além dos casos mencionados por Richardson, estudos antropológicos revelaram que o povo iorubá da Nigéria cultua um ser supremo a quem chamam de Olodumare. Olodumare é conhecido como o Criador (cf. Isaías 40:28), o Altíssimo (cf. Salmos 91:1) e o Rei que habita nos céus (cf. Salmos 113:5). Ele possui todos os atributos superlativos, executa o julgamento (cf. Salmos 75:7), discerne os corações e vê tanto o interior como o exterior do ser humano (cf. Hebreus 4:12-13). Somente ele pode realizar sua obra valendo-se da fala (cf. Gênesis 1:3). Olodumare é o Todo-Poderoso Criador que merece ser adorado pela humanidade. Ele não pode ser representado por imagens, mas pode ser abordado como o Pai.[33]

Não se sabe quando as tradições iorubás sobre Olodumare se originaram, mas "a pesquisa mostrou que o Deus superior [dos iorubás] não foi uma inserção posterior, por meio do contato com o cristianismo ocidental".[34] Onde os iorubás obtiveram seu conhecimento de Deus? Mais importante ainda: um membro da tribo iorubá que reconhecesse sua necessidade de salvação, caso se entregasse à misericórdia de Olodumare, seria salvo sem nunca ouvir o evangelho, à semelhança dos crentes pré-messiânicos?

---

[32] PINNOCK, *A Wideness in God's Mercy*, p. 161.

[33] ADELOWO, E. D. "Yoruba Oral Traditions, the Qur'an, the Hadith, and the Bible". *African Theological Journal*, n. 15, v. 2. 1986, p. 129-30. Apud OSBURN, "Those Who Have Never Heard", p. 368.

[34] WELTON, M. "Themes in African Traditional Belief Ritual". *Practical Anthropology*. n. 18, v. 1, jan.-fev. 1971, p. 2. Apud OSBURN, "Those Who Have Never Heard", p. 368.

CAPÍTULO 3

Princípios da fé

A fé consciente em Cristo é necessária para a salvação? Caso a resposta seja negativa, como lidar com os textos que parecem limitar a salvação àqueles que creem em Cristo? Ou seja, o que faremos com textos que são aparentemente explícitos quanto a importância de confessar Jesus?

Essas passagens não deixam claro que a pessoa precisa ouvir falar de Cristo nesta vida para alcançar a salvação. Eles simplesmente dizem que não há outro modo de chegar a Deus a não ser por meio da obra de Cristo, mas não que é preciso conhecer essa obra para se beneficiar dela.[1] Se notarmos bem, os textos que falam sobre a necessidade de uma fé consciente aparecem justamente em contextos em que tal fé é possível.

Dois textos tradicionalmente usados para defender o exclusivismo são João 8:24 e Atos 4:12. O teólogo Terrance L. Tiessen afirma que são declarações feitas às pessoas que estão efetivamente recebendo a revelação de Jesus. Assim, ele escreve que: "é importante nos lembrar que *Jesus fez essa declaração especificamente para as pessoas às quais ele revelava sua identidade*. É fundamental não estender excessivamente tais declarações aos não evangelizados, que estão, por definição, sem tal revelação".[2]

O QUE UMA PESSOA TEM DE SABER PARA SER SALVA?

Isso posto, precisamos ressaltar que há discordância quanto ao "objeto de fé", se assim podemos chamar, respeitosamente é claro,

---

[1] SANDERS, "Is Belief in Christ Necessary for Salvation?", p. 246.

[2] TIESSEN, Terrance L. *Who Can Be Saved?* Reassessing Salvation in Christ and World Religions. Downers Grove: InterVarsity, 2004. p. 84-5. (Grifo do autor.)

no sentido de que há opiniões diferentes quanto ao que uma pessoa tem de saber para desfrutar da salvação. Alguns concluem que o conhecimento acerca da vida e obra de Jesus se faz necessário; há quem acredite que não. Afinal de contas, é o conhecimento que nos salva ou é Deus?

Obviamente é Deus quem nos salva, e ele faz isso a despeito dos diferentes entendimento teológicos das pessoas. A questão é que não sabemos quanto conhecimento é necessário para a salvação, nem quanta ignorância é suficiente para ser desculpada. O missionário inglês Norman Anderson retoricamente pergunta: "A ignorância desqualifica a graça? Se sim, onde na Escritura temos a quantidade exata de conhecimento requerida? Para a certeza, sem dúvida o conhecimento é necessário, mas para a graça, não é tanto o conhecimento quanto uma atitude correta para com Deus que importa".[3]

A questão é que não sabemos quanto conhecimento é necessário para a salvação, nem quanta ignorância é suficiente para ser desculpada.

Pensando sobre a questão do conteúdo para salvação, Erickson questiona de forma contundente:

> Se alguém insiste que, para ser salvo nesta era, é necessário conhecer e crer em Jesus, quanto deve alguém conhecer, entender e crer? Deve-se entender a encarnação, o fato de que Jesus era tanto Deus como homem? Quão ortodoxo deve ser esse entendimento? É necessário crer que Jesus era divino, assim como o Pai, no mesmo sentido e no mesmo grau? E se alguém acredita que Jesus era o Filho de Deus, mas não realmente Deus, ou não pensou no que acredita com essa expressão? Deve-se apoiar a teoria penal substitutiva da expiação para que a expiação seja eficaz?[4]

---

[3] ANDERSON, Norman *Christianity and Comparative Religion.* Downers Grove: InterVarsity, 1977. p. 99. Apud SANDERS, John. *No Other Name:* An Investigation into the Destiny of the Unevangelized. Grand Rapids: Eerdmans, 1992. p. 225.

[4] ERICKSON, Millard.. *How Shall They Be Saved:* The Destiny of Those Who Do Not Hear of Jesus. Grand Rapids: Baker Book, 1996. p. 195.

Ao inferirmos que, para ser salvo, é absolutamente necessário que o indivíduo conheça no mínimo as questões históricas, tais como a ressurreição de Jesus dentre os mortos, e entenda minuciosamente doutrinas como a expiação, estamos correndo o risco de pressupor uma crença intelectual da fé. Nesse sentido, a fé é vista principalmente como uma questão de compreender algumas doutrinas, e não uma questão de cultivar uma relação de confiança em Deus. Diante disso, o teólogo John Sanders declara: "Esse erro de compreensão do que é a fé bíblica tem algumas afinidades com o gnosticismo, no qual a salvação é alcançada mediante um conhecimento especial que o iniciado recebe".[5] Tal visão de fé implica que o perdido está numa situação de ignorância, e isso só é resolvido quando se aprende certas verdades — salvação pelo conhecimento.

Não obstante, é importante dizer que simplesmente ter uma teologia correta ou entender corretamente a pessoa e a obra de Jesus não garantem a salvação. Tiago adverte que uma teologia correta não constitui uma fé viva: "Você crê que existe um só Deus? Muito bem! Até mesmo os demônios creem — e tremem!" (2:19). De fato, nos Evangelhos vemos os demônios sendo mais teologicamente astutos do que qualquer um! Eles sabiam que Jesus era o Filho de Deus (Mateus 8:29) e o Cristo (Lucas 4:41). Devemos supor que esses seres são salvos por terem crenças próprias e afirmações teológicas? Claro que não. Os Evangelhos também nos informam sobre aqueles que não só tinham o conhecimento correto de Jesus, mas também fizeram grandes coisas em seu nome (Mateus 7:21-23).

E O CONTEMPORÂNEO DE JESUS QUE MORREU SEM CONHECÊ-LO?

Para elucidar a questão do conhecimento necessário para salvação, o teólogo Roger Olson conclui, a partir de um experimento mental, que o argumento exclusivista não se sustenta em termos lógicos.

O autor pensa na hipótese de um judeu alexandrino que tenha vivido ao redor do ano 50 e que não ouviu sobre Jesus. Todavia, era

[5] SANDERS, "Inclusivismo", p. 41.

um crente fiel em Javé e, por sua vez, desfrutava de salvação pela fé abraâmica (como Simeão, Ana e possivelmente Cornélio). Tal crente "era justo e piedoso, e que esperava a consolação de Israel; e o Espírito Santo estava sobre ele" (Lucas 2:25, descrevendo Simeão). Diante de tal cenário, Olson se pergunta: o que aconteceu com pessoas como essa se nenhum apóstolo ou outra testemunha cristã as alcançou com o nome de Jesus antes de morrerem?

Esse judeu hipotético pode ter sido salvo em caráter de exceção, pois desconhecia Cristo. Nesse caso, de alguma maneira, não estamos mais falando do verdadeiro exclusivismo. O pensamento acaba de abrir a porta para algum grau de inclusivismo, baseando-se na presciência de Deus que, portanto, sabia exatamente quais iriam crer. Entretanto, de um determinado período em diante, tal requisito seria alterado, e a crença em Cristo se tornaria fundamental para a salvação. O questionamento de Olson é extremamente oportuno:

> Suponha que nosso fiel homem judeu em Alexandria tenha morrido e ido para o céu em 50 d.C., sem nunca ter ouvido falar de Jesus Cristo. [...] Mas e o filho dele? Seu filho, nascido em 40 d.C., foi criado para ter a mesma fé abraâmica em Deus que seu pai; ele cultuava no templo alexandrino, frequentava a sinagoga fielmente e confiava em Yahweh para sua salvação. Ele se arrependeu de seus pecados, fez o seu melhor para agradar a Deus com sua vida, deu a Deus toda a glória para sua salvação etc. Ele aguardava a vinda do Messias prometido por Deus, embora não soubesse que este já havia chegado. Seu pai, com fé idêntica à sua, morreu e foi para o céu em 50 d.C., sem nunca ouvir o evangelho de Jesus Cristo. Mas, de acordo com meu amigo exclusivista, ele [o filho] morreu em 70 d.C., e foi para o inferno. Hein? Por que Deus também não o acolheria, como um avô? E seu filho e todos os outros em todo o mundo que tivessem a fé abraâmica em Yahweh? Em que ponto Deus disse: "Chega, já deu; não vou salvar ninguém que não ouve o evangelho de Jesus Cristo"?[6]

---

[6] OLSON, Roger. "A Thought Experiment About Restrictivism and Inclusivism". *Roger E. Olson*. 18 ago. 2011. Disponível em: https://www.patheos.com/blogs/rogereolson/2011/01/a-thought-experiment-about-restrictivism-and-inclusivism/. Acesso em: 6 mai. 2019.

De igual modo, Sanders propõe um problema relativo aos que viveram antes de Jesus e imediatamente depois dele; sobretudo os que viveram depois. O autor questiona sobre quando as novas exigências do "conteúdo específico da salvação" passaram a valer. Quando foi que crer em Jesus se tornou obrigatório: na ressurreição ou na ascensão? Sandres prossegue com outros questionamentos: o que ocorreu com os judeus crentes que morreram após a ressurreição, mas que nunca tinham ouvido falar de Jesus? E quanto aos gentios que, embora temessem a Deus, morreram após a ascensão sem nunca terem ouvido falar sobre Jesus? Essas pessoas estariam condenadas por não terem ouvido o *novo* conteúdo que a fé passou a exigir?

Diante de tal cenário hipotético, Deus condenaria essas pessoas em razão de não terem vivido tempo suficiente para "desenvolver a teologia cristã" no que se refere à fé na pessoa de Cristo? Caso a resposta seja que Deus agiu com tais pessoas em caráter de exceção, a pergunta que surge é: por que os demais não evangelizados não podem receber o mesmo tratamento? Sanders acredita que "tais pessoas sejam salvas embora estejam na escala móvel de conhecimento quanto ao que Deus está fazendo no mundo. Os gentios não evangelizados estão simplesmente mais abaixo na escala do conhecimento. Deus considera as pessoas responsáveis pelo que lhes tem sido dado, não pelo que deixaram de ouvir (Lucas 12:48)".[7]

Bem, essa é uma questão que cabe aos exclusivistas responderem. De todo modo, é possível que os não evangelizados sejam reconciliados com Deus por intermédio da obra de Cristo, mesmo que não saibam sobre Jesus.

---

[7] SANDERS, "Inclusivismo", p. 146.

CAPÍTULO 4

Os crentes pré-messiânicos

No curso do Antigo Testamento, a informação acerca do Messias que estava para vir foi dada de forma progressiva. Contudo, a maioria dos crentes judeus não entendia que o Messias traria expiação, tampouco olhavam para o Messias como o ponto convergente de sua fé. Antes, eles "invocavam ao Senhor", que lhes provia perdão.[1] A despeito do conhecimento que possuíam, a morte de Cristo foi retroativa em seus efeitos, sendo, dessa maneira, válida para todo aquele que confiou em Deus para o perdão dos pecados sob a primeira aliança. Isso quer dizer que os crentes do antigo pacto foram salvos por antecipação do sacrifício de Cristo (Hebreus 9:15; Romanos 3:25). Isso é, não há ninguém que tenha sido salvo sem que Cristo fosse a base ontológica para tal. É certo que a salvação sempre foi e será pela graça, por meio da fé (Efésios 2:8).

Ora, se o Deus eterno, que não necessariamente vê o tempo de forma sequencial como nós, aplicou o sangue de Cristo às pessoas de fé na antiga aliança, que não tinham conhecimento de Jesus, por que ele não pode fazer o mesmo hoje com o não alcançado, que não possui o explícito conhecimento de Cristo, mas crê naquele que ressuscitou Jesus dos mortos (cf. Romanos 4:23-24)?[2]

Os crentes da antiga aliança não conheciam a Deus tanto quanto os cristãos, nem sua segurança no amor divino era tão sólida. Entretanto, eles podiam entrar numa relação de confiança com

---

[1] SANDERS, "Inclusivismo", p. 42.

[2] OSBURN, "Those Who Have Never Heard", p. 368.

Deus exatamente como os cristãos fazem hoje, porque o mesmo Deus é o ponto convergente de fé para os crentes e para os cristãos.[3]

A SALVAÇÃO NA ANTIGA ALIANÇA

A salvação na época do Antigo Testamento se dava da mesma forma que no Novo Testamento, ou seja, pela graça e mediante a fé. Contudo, o objeto dessa fé era distinto. Na antiga aliança, a salvação se dava pela fé em Yahweh, e não em Jesus, pois este ainda nem existia enquanto personagem histórico, ou seja, como Jesus de Nazaré. Na nova aliança, a salvação se dá pela fé em Cristo.

Deus declarou Abraão justo pelo fato de ele ter confiado que o Senhor lhe daria um filho em sua velhice (Gênesis 15:6). Gideão confiou que Deus estaria com ele na batalha. Sansão pediu que Deus o ajudasse a destruir um templo. Segundo Sanders, "esses homens de fé (Hebreus 1) tinham diferentes informações sobre Deus, de modo que sua crença tinha variações. Mas, embora o conteúdo de seu credo variasse, todos criam no mesmo Deus".[4] Paulo enfatiza que Abraão e Davi foram justificados pela fé e, portanto, estão salvos, porque é o mesmo Deus que provê salvação para todos, não importando quando ou onde viveram (Romanos 4).

POVOS "PRÉ-MESSIÂNICOS" HOJE EM DIA

O inclusivismo estende aos não evangelizados a continuidade do testemunho divino e a fé humana dos crentes pré-messiânicos. O teólogo batista Augustos Strong afirma essa continuidade: "Os patriarcas, embora não tivessem conhecimento de um Cristo pessoal, foram salvos por crerem em Deus até onde Deus se revelara a eles; e os que são salvos entre os gentios devem, semelhantemente, ser salvos por se lançarem, como pecadores

---

[3] SANDERS, "Inclusivismo", p. 42. Sanders faz distinção entre "crentes" (pessoas reconciliadas com Deus por meio da obra de Cristo, mesmo sem conhecer Jesus) e "cristãos" (aqueles que conhecem Jesus e têm fé em Deus por intermédio dele).

[4] SANDERS, "Inclusivismo", p. 42.

desamparados, ao plano de misericórdia de Deus, visto como sombra na natureza e providência".[5]

Crentes como Abraão dispunham de informações incompletas sobre o Messias, pois estavam situados antes de Cristo; contudo, Deus aceitou sua atitude cheia de fé. De modo semelhante, os não evangelizados que habitam as partes mais remotas da terra encontram-se como Abraão no sentido de que estão situados antes de Cristo em termos de informação; todavia, podem vir à fé em Deus pelo testemunho divino na criação e na relação entre a Providência e eles.

Os não evangelizados que habitam as partes mais remotas da terra encontram-se como Abraão no sentido de que estão situados antes de Cristo em termos de informação; todavia, podem vir à fé em Deus pelo testemunho divino na criação e na relação entre a Providência e eles.

PEDRO E O CASO DE CORNÉLIO (ATOS 10)

Cornélio, embora contemporâneo de Cristo, pode ser considerado um pré-messiânico *informacional*. O relato bíblico o retrata como um homem que temia a Deus, dava esmolas e orava continuamente (Atos 10:1-2). É interessante que o anjo, ao visitá-lo, diz que Deus considerava suas orações e esmolas como "oferta memorial" (v. 4). De acordo com Sanders, Cornélio ilustra a ideia de alguém que passa de crente à cristão, pois "Deus ama esse crente e deseja que ele passe a compartilhar das bênçãos de conhecer o Jesus ressurreto, de modo que ele instrui Cornélio a mandar chamar o apóstolo Pedro, que lhe trará as boas-novas sobre o que Deus tem feito em Jesus".[6] John Wesley cria da mesma forma: para ele,

---

[5] STRONG, Augustus. *Sistematic Theology*. Philadelphia: Judson Press, 1947. p. 842. Apud SANDERS, "Inclusivismo", p. 44.

[6] SANDERS, "Inclusivismo", p. 43.

Cornélio deixou de ser um "servo" salvo de Deus para se tornar um "filho" de Deus quando depositou sua fé em Cristo. Wesley acreditava que os não cristãos salvos por Deus "aprendiam de Deus, por sua voz interior, todos os fundamentos da verdadeira religião".[7]

Diante da reação de Pedro, Sanders entende que o *aceitável* (de Atos 10:35) significa que "Deus abre seus braços para aceitar todos aqueles que confiam nele e procuram segui-lo como melhor saibam fazê-lo".[8] O evangelista George Morgan, comentando essa passagem, diz que "Nenhum homem será salvo porque entende a doutrina da expiação. Ele é salvo não por entendê-la, mas porque teme a Deus e pratica a justiça".[9]

Bem, mas se Cornélio já estava salvo, por que Pedro foi até ele? Esse é um ponto importante, pois é usado como base para a frequente objeção acerca da necessidade de fazer missões. Por exemplo, o professor Ronald Nash se referia às missões como as "más-novas", uma vez que, se os não evangelizados ouvirem o evangelho e o rejeitarem, estarão condenados, ao passo que provavelmente estavam salvos antes de os missionários os alcançarem. Segundo ele, "Se o missionário tivesse ficado longe delas [das pessoas não evangelizadas] e continuado a desfrutar do conforto do lar, a esperança eterna dos não evangelizados nunca teria sido ameaçada".[10] Ou seja, é como se Pedro houvesse colocado a salvação de Cornélio em xeque, pois Cornélio poderia ter rejeitado o evangelho e, consequentemente, ser condenado à danação eterna. R. C. Sproul faz coro com Nash:

> A suposição tácita neste ponto é que a única ofensa condenável contra Deus é a rejeição de Cristo. Como o nativo [sic] não é culpado disso, devemos deixá-lo por sua própria conta. De fato, deixá-lo por sua própria conta seria a coisa mais útil que poderíamos fazer por ele. Se formos ao nativo [sic] e o informarmos

---

[7] WESLEY, John. "On Faith". In: *The Works of John Wesley*. 3a. ed. Peabody: Hendrickson, 1986. 7:197. Apud SANDERS, "Christian Approaches to the Salvation of Non-Christians", p. 130.

[8] SANDERS, "Inclusivismo", p. 43.

[9] MORGAN, George. *The Acts of the Apostles*. Nova York: Revell, 1924. p. 281. Apud SANDERS, *E aqueles que nunca ouviram?*, p. 43.

[10] NASH, Ronald. "Restritivismo". In: SANDERS (org.), *E aqueles que nunca ouviram?*, p. 138.

> de Cristo, colocaremos sua alma em perigo eterno. Pois, agora, ele sabe de Cristo, e caso se recuse a aceitar Jesus, ele não poderá mais alegar ignorância como desculpa. Portanto, o melhor serviço que podemos prestar é o silêncio.[11]

Em resposta, Sanders deixa claro que nenhum inclusivista evangélico diz que *todos* os não evangelizados estão salvos; a verdade é que alguns não evangelizados são crentes em Deus, enquanto outros não são. Além disso, alguns daqueles que não tinham ouvido o evangelho previamente abraçam-no ao ouvi-lo, pois "alguém que acredita no único Deus verdadeiro instintivamente aceitaria o evangelho do Pai, do Filho e do Espírito Santo se o ouvisse. Se sua fé fosse real e baseada no Deus correto, Cristo não seria um obstáculo para ele".[12] Todavia, outros lhe dão as costas.[13]

Sanders elenca quatro razões pelas quais a motivação missionária independe da crença otimista no que tange à salvação. São elas:

1. Jesus nos ordenar ir (Mateus 28:18-20).
2. Devemos querer compartilhar as bênçãos da vida cristã com os que a desconhecem.
3. Há, naturalmente, pessoas que não são crentes em Deus, e elas precisam ouvir sobre Cristo para que conheçam o amor de Deus.
4. Embora os crentes não evangelizados venham a receber a vida eterna por causa da obra de Cristo, Deus quer que eles experimentem a plenitude de vida disponibilizada no Pentecoste.[14]

Além dos motivos supracitados, vale lembrar que John Stott, um dos maiores evangelistas do século 20, nutria uma crença inclusivista, mas isso não lhe fez ser menos engajado. À consistência e alta atividade missionária de Stott[15] podemos acrescentar os pais

---

[11] SPROUL, R. C. *Reason to Believe*. Grand Rapids: Zondervan, 1982. p. 50.

[12] OSBURN, "Those Who Have Never Heard", p. 368.

[13] SANDERS, John. "Réplica a Nash/Sanders, 6". In: SANDERS, E aqueles que nunca ouviram?, p. 150.

[14] SANDERS, "Inclusivismo", p. 58.

[15] John Stott, que se considera agnóstico no tocante ao assunto dos não alcançados, demonstra certa expectativa quando diz: "Eu nutro a esperança de que a maioria da raça humana seja salva" (EDWARDS, David L.; STOTT, John. *Evangelical Essentials*: A Liberal-Evangelical Dialogue. Londres: Hodder and Stoughton, 1988. p 327. Apud PINNOCK. "Toward

da igreja Clemente de Alexandria e Orígenes, e o metodista John Wesley: homens que sustentavam a perspectiva inclusivista e, ainda assim, foram três dos mais fervorosos e reflexivos cristãos no que se tratava de persuadir não cristãos à fé em Cristo.[16]

Voltando ao caso de Cornélio, Pedro foi enviado a Cornélio para informá-lo como sua futura salvação havia sido consumada por meio de Jesus, sobre quem os profetas falaram. Ademais, embora Cornélio fosse um crente, é possível que pelo menos alguém em sua casa ainda não fosse. Por isso, Pedro foi enviado com a mensagem do evangelho, por meio da qual toda a sua casa se converteu.[17] Tiessen compreende que Cornélio era um crente salvo antes que Pedro chegasse, e que ele recebeu as bênçãos advindas de um relacionamento com Jesus; mas alguns em sua casa eram não crentes antes da vinda de Pedro e receberam salvação por ouvir o evangelho.[18]

Cornélio não estava condenado ao inferno antes que Pedro chegasse, bem como também não estão os não evangelizados que creem em Deus. Mas, assim como todos da casa de Cornélio passaram a desfrutar das bênçãos de Cristo depois da evangelização, devemos a *vida cristã* aos não evangelizados.

PAULO ENTRE OS ATENIENSES E O DEUS DESCONHECIDO (ATOS 17)

Lucas relata esses mesmos pontos em sua narrativa da pregação de Paulo em Atenas (Atos 17). Assim como Pedro, Paulo entende que Deus está trabalhando entre os não evangelizados, no entanto, quer que venham à fé em Cristo.

Em Atenas, Paulo encontrou uma infinidade de altares dedicados às mais diversas divindades; mas, entre eles, um dedicado ao *Agnosto Theo* — O Deus desconhecido (v. 23). O apóstolo não teve dúvidas de que estava diante de uma revelação divina.[19] Aquele altar

---

an Evangelical Theology of Religions", p. 361.)

[16] SANDERS, "Inclusivismo", p. 57-8.

[17] SANDERS, "Inclusivismo", p. 44.

[18] TIESSEN, *Who Can Be Saved?*, p. 175-8.

[19] REINKE, *Os outros da Bíblia*, p. 265.

estava relacionado a um evento ocorrido seis séculos antes: uma praga assolava a cidade, e nenhum dos sacrifícios oferecidos nos altares existentes conseguiu aplacar a ira dos deuses. Então a cidade finalmente oferece sacrifícios[20] ao Deus desconhecido, o que imediatamente faz a praga cessar. Esse altar ainda estava ali, e Paulo o usou como base de seu discurso.[21] Ele não foi o único a fazer esse tipo de associação: os apóstolos, ao tratarem do Deus de Israel e de Jesus Cristo entre os gregos, encontraram nos termos gregos *theos* e *logos* expressões tão válidas quanto as hebraicas *Adonai* ou *messias*.[22]

Paulo reconhece que os filósofos atenienses buscavam Deus e, em muitos aspectos, estavam no caminho certo. Ele foi capaz de achar pontos de contato tanto com os filósofos estoicos como com os epicureus.[23] Deus se fez conhecido a eles, diz Paulo, por meio da criação e de suas ações providenciais entre a humanidade. Por causa dessa revelação, Deus espera que os homens o encontrem, pois ele está perto de todos (v. 27).

Em seu discurso para alcançar essas pessoas, Paulo não faz menção ao Antigo Testamento; antes, faz citação de poetas pagãos e usa ideias e vocabulário da filosofia grega. Os estoicos e os judeus de fala grega enfatizavam que Deus "não é servido por mãos de homens, como se necessitasse de algo", usando as mesmas palavras que Paulo usou (v. 25).[24] Todavia, todos os argumentos de Paulo podem ser encontrados no Antigo Testamento, porque há afinidade entre revelação geral e especial. Contrariando o que alguns filósofos pensavam, Paulo não se vê apresentando uma nova divindade,

---

[20] Segundo uma tradição registrada como histórica por Diógenes Laércio, um autor grego do século 3 d.C., "Epimênedes, um herói cretense, atendeu a um pedido de Atenas, feito por Nícias, a fim de aconselhar a cidade sobre como se livrar de uma praga" (RICHARDSON, *O fator Melquisedeque*, p. 13-22).

[21] KEENER, Craig. *Comentário Bíblico Atos*: Novo Testamento. Trad. de José Gabriel Said. Belo Horizonte: Atos, 2004. p. 329.

[22] RICHARDSON, *O fator Melquisedeque*, p. 23-9.

[23] ADAMS, Marilyn McCord. "Philosophy and the Bible: The Areopagus Speech". *Fatih And Philosophy*, n. 9, abr. 1992. p. 135-49; WINTER, Bruce. "In Public and in Private: Early Christian Interactions with Religious Pluralism". In: CLARKE, Andrew; WINTER, Bruce (orgs.). *One God, One Lord in a World of Religious Pluralism*. Grand Rapids: Baker Book, 1992. p. 112-34; SANDERS, *E aqueles que nunca ouviram?*, p. 45, nota 22.

[24] KEENER, *Comentário Bíblico Atos*, p. 330.

pois Deus já agia entre aquelas pessoas, e algumas delas reconheciam esse envolvimento divino. Sanders argumenta que Paulo cria que algumas pessoas não evangelizadas adoravam a Deus. A atitude paulina, diz o autor, é reconhecer que alguns adoravam o Deus verdadeiro, embora sem conhecimento completo, enquanto outros não o faziam de forma alguma.[25] A despeito de alguns adorarem a Deus em ignorância informacional completa, Paulo entende que o evangelho é importante para ambos os grupos e continua dizendo que Deus não levou em conta a ignorância dessas pessoas, e agora as chama para se arrependerem e abraçarem o evangelho. Interessante, pois esse é exatamente o mesmo modelo de pregação que Paulo usou quando se dirigiu aos judeus: agora que Jesus havia vindo, as coisas antigas haviam passado, tanto o culto oferecido mediante a revelação geral como o culto decorrente das instruções levíticas.

Deus quer que todos experimentem vida no Filho.

Deus quer que todos experimentem vida no Filho. "Agora que a revelação mais completa está aqui, e a expiação foi feita por todos, Deus deseja que tanto judeus como gentios experimentem um relacionamento mais completo, satisfatório e abençoado com ele através do Jesus ressurreto."[26]

Paulo é tão bem-sucedido em sua pregação em Atenas como foi em outros lugares, pois alguns aceitaram a Cristo (inclusive um membro do conselho, conforme o v. 34), alguns rejeitaram, e outros disseram que queriam ouvir mais. "Em Atenas, Paulo encontra crentes que se tornam cristãos, não crentes que se tornam cristãos e alguns que zombam."[27] O ponto básico é que Deus deseja que crentes, quer judeus, quer gentios, tornem-se cristãos.

---

[25] SANDERS, "Inclusivismo", p. 45.
[26] SANDERS, "Inclusivismo", p. 45.
[27] SANDERS, "Inclusivismo", p. 45.

CAPÍTULO 5

Crianças e mentalmente incapazes

Embora existam variadas interpretações quanto à questão do destino eterno de crianças e pessoas mentalmente incapazes, alguns exclusivistas como Piper[1] e Nash[2] são otimistas quanto à salvação desses grupos específicos. Eles creem que esses são salvos a despeito de não terem consciência acerca da vida e obra de Cristo. É a partir do "inclusivismo pontual" desses exclusivistas que inclusivistas encontram espaço para questionar: "Será que Deus ama as pessoas adultas não evangelizadas menos que as crianças?",[3] pois, "Se as crianças que morrem na infância e as pessoas mentalmente incapazes estarão nos céus sem jamais terem professado a fé explícita em Cristo, então, para sermos consistentes, não deveríamos estender o mesmo privilégio a pessoas 'inocentes' que estão fora do alcance do cristianismo e que morrem sem jamais ouvir o evangelho?".[4]

Dessa forma, se a vontade salvífica de Deus inclui os bebês e os mentalmente incapazes que morrem sem terem sido evangelizados, por que a salvação oferecida por Deus não englobaria os que nunca ouviram acerca de Jesus? Em resposta a essa indagação, Ronald Nash diz que há uma importante diferença, pois de um lado estão crianças e mentalmente incapazes, que não conseguem responder por seus atos e também estão impossibilitados de enxergar Deus a partir

---

1 PIPER, *Jesus, o único caminho para Deus*, p. 58, nota 6.

2 NASH, "Restritivismo", p. 120-2.

3 SANDERS, "Inclusivismo", p. 55.

4 SANDERS, *No Other Name*, p. 231-2.

Se a vontade salvífica de Deus inclui os bebês e os mentalmente incapazes que morrem sem terem sido evangelizados, por que a salvação oferecida por Deus não englobaria os que nunca ouviram acerca de Jesus?

da revelação geral, e do outro, as pessoas não evangelizadas que são maduras o bastante para assumirem sua resistência à revelação geral e que, portanto, são moralmente responsáveis por seus atos específicos de pecados.[5] Ramesh Richard faz coro com o argumento de Nash, pois diz que Deus salva as crianças, mas não os adultos não evangelizados, porque as crianças são "incapazes de aceitar a salvação em qualquer momento em sua vida".[6] A essa distinção feita por Richard e Nash, Sanders rebate:

> Contudo, eu afirmo que adultos não evangelizados também são física e mentalmente "incapazes" de responder ao evangelho se morrerem antes que missionários cheguem até onde eles estão; são mentalmente incapazes de exercer fé em Jesus porque nunca ouviram sobre ele. [...] Se, como os restritivistas professam, há duas categorias de pessoas que são salvas — (1) aquelas que colocam sua fé em Jesus e (2) aquelas que são incapazes de responder a Jesus — então por que não incluir pelo menos alguns adultos não evangelizados no segundo grupo?[7]

Levando às últimas consequências o argumento de Nash e Richard, de que Deus salvaria as crianças e os mentalmente incapazes, mas em hipótese alguma salvaria o adulto não evangelizado, parece que a conclusão apontada por Sanders, por mais extrema que seja, faz muito sentido. O argumento de Nash dá a entender que as crianças que morreram em países não evangelizados seriam salvas; em contrapartida, as que chegam à vida adulta

---

[5] NASH. "Restritivismo", p. 120-1.

[6] RICHARD, Ramesh. *The Population of Heaven*. Chicago: Moody Press, 1994. p. 113.

[7] SANDERS. "Inclusivismo", p. 56.

estariam condenadas. Aparentemente Deus amaria as crianças e as salvaria por meio de Cristo; porém, o mesmo não ocorreria com os adultos, pois a salvação não estaria disponível a eles. Sanders refuta essa posição, dizendo que, em sua opinião, Deus ama ambos os grupos e busca salvar todos eles com base na expiação de Jesus.[8]

A teologia do amor radical de Deus pelos pecadores — incluindo crianças pecadoras — leva-nos a entender que Deus deseja a salvação até do menor deles. Entrementes, o amor divino que detesta a corrupção do pecado que leva à morte eterna é o mesmo que motiva Deus a redimir a situação. É esse Deus que torna a salvação universalmente disponível tanto a crianças que morrem como ao restante dos não evangelizados que carecem da intervenção divina de igual modo.

CONCLUSÃO

Ao longo desta primeira parte, pudemos examinar o conceito de inclusivismo evangélico, que concorda com o exclusivismo quanto ao fato de Cristo ser a base ontológica para a salvação, mas não necessariamente a base epistemológica.

É claro que o cenário ideal certamente é aquele em que o missionário ou evangelista tenha a possibilidade de discorrer sobre o plano histórico redentivo, podendo articular sobre a vida e obra de Cristo, bem como sobre o amor incondicional de Deus evidenciado pelo sacrifício vicário do Filho. Pessoas que têm conhecimento sobre a pessoa do Filho e, ainda assim, o negam estão condenadas (João 3:18). A tese inclusivista, porém, diz respeito às pessoas que não possuem acesso ao evangelho. Porventura estariam todas condenadas à danação eterna em razão de um acidente histórico, geográfico ou por omissão da igreja? Nesse caso, o inclusivismo tenta propor uma resposta equilibrada a esse problema soteriológico do mal.

Examinamos também, de forma introdutória, algumas das bases para a perspectiva inclusivista, e de que modo o desejo de Deus

[8] SANDERS, "Réplica a Nash/Sanders, 6", p. 149.

de salvar a todos pode ser realizado. Longe de propor uma prova irrefutável — temos ciência que o inclusivismo é tão limitado quanto qualquer outra linha de interpretação —, defendemos que Deus ama todos os pecadores e deseja que sejam salvos, e que todos os que são salvos o são somente por causa da obra de Cristo. Por causa da obra expiatória de Cristo, Deus aceita todos os que, ao serem assistidos pela graça preveniente, colocam sua fé nele, e não leva em consideração até que ponto vai o conhecimento dessas pessoas. Assim como os crentes na antiga aliança foram salvos sem crer em Jesus Cristo, uma vez que ele não existia enquanto personagem histórico, do mesmo modo, Deus julgará as pessoas de acordo com as informações que possuírem de Deus por meio da autorrevelação divina. Nesse caso, tais informações são oriundas de duas fontes: a natureza (Romanos 1) e a consciência (Romanos 2), sendo o conjunto de ambas conhecido como "revelação geral".

Apesar da simpatia de muitos pelo inclusivismo evangélico, vale lembrar que estamos tratando de um tema deveras desafiador e extremamente importante, que carece de séria reflexão. Ainda que nutramos um otimismo quanto à esperança maior, devemos nos engajar em missões. Um relacionamento com o Senhor ressurreto concede uma vida espiritual muito mais rica do que aquela que pode ser obtida através do mero conhecimento do Criador. Os cristãos possuem as bênçãos messiânicas da segurança da salvação, bem como a revelação última de quem Deus é e da sua vontade. Além disso, cristãos têm o benefício da comunhão na comunidade cristã. Essas são razões mais que suficientes para se desejar que crentes não evangelizados se tornem cristãos.

PARTE 2

EXCLUSIVISMO

● CAPÍTULO 6

O que é o exclusivismo?[1]

Somente Cristo pode salvar, e somente crendo nele podemos ser salvos.

De modo resumido, pode-se dizer que o exclusivismo é a posição que defende que a singularidade de Cristo é tanto ontológica como epistemológica. Ou seja, somente Cristo pode salvar, e somente crendo nele podemos ser salvos.[2] Essa ótica está apresentada de forma admirável no *Catecismo Maior de Westminster* (questão 60), como segue:

> 60. Poderão ser salvos por viver segundo a luz da natureza aqueles que nunca ouviram o Evangelho e por conseguinte não

---

[1] Vários termos são usados para descrever essa postura teológica. Os dois mais comuns são "exclusivismo" e "particularismo". Enquanto a ênfase do exclusivismo está no fato de que Deus salva o pecador *exclusivamente* através da fé explícita em Jesus Cristo, a ênfase do particularismo está em que a fé salvífica tem um objeto particular, ou seja, a pessoa de Jesus Cristo. Charles van Engen não utiliza nenhum desses termos e prefere o que ele denomina de "paradigma evangelista" (*passim*). A meu ver, van Engen esboça uma caricatura do modelo exclusivista a fim de apresentar o modelo "evangelista" como alternativa. O exclusivista mais famoso dos tempos atuais, Hendrik Kraemer, defendia como "exclusivista" um modelo praticamente idêntico ao "paradigma evangelista" de van Engen. (PRICE, Donald E. "A importância da singularidade de Cristo para a prática missionária ou será que só Jesus salva?". In: PRICE [org.], *Que será dos que nunca ouviram?*, p. 10, nota 1). Ronald Nash, um firme defensor do exclusivismo, usa tanto o termo "exclusivismo" (NASH, Ronald. *Is Jesus the Only Savior?* Grand Rapids: Zondervan, 2010) como "restritivismo" (Cf. NASH, "Restritivismo", p. 109-42). A presente obra se limitará ao termo "exclusivismo". É importante dizer que o exclusivismo apresenta algumas vertentes dentro da própria corrente: há, por exemplo, o exclusivismo da igreja, o exclusivismo do evangelho e, também, o exclusivismo da revelação especial. (MORGAN, Christopher W. "Inclusivisms and Exclusivisms". In: MORGAN, Christopher W.; ROBERT, Peterson [orgs.]. *Faith Comes by Hearing*: A Response to Inclusivism. Downers Grove: IVP Academic, 2008. p. 27-30). As variações mostram que alguns defensores são mais radicais, enquanto outros são mais moderados; contudo, todos concordam com o axioma "fora da igreja não há salvação" (*extra ecclesiam nulla salus*), quer essa igreja seja institucional, quer seja o corpo místico de Cristo.

[2] MACHADO, João. "A singularidade de Cristo: pensamentos contemporâneos e romanos". In: PRICE (org.), *Que será dos que nunca ouviram?*, p. 53.

> conhecem a Jesus Cristo, nem nEle creem? Aqueles que nunca ouviram o Evangelho e não conhecem a Jesus Cristo, nem nEle creem, não poderão se salvar, por mais diligentes que sejam em conformar as suas vidas à luz da natureza, ou às leis da religião que professam; nem há salvação em nenhum outro, senão em Cristo, que é o único Salvador do seu corpo, a Igreja (Rm 10.14; 2Ts 1.8-9; Ef 2.12; Jo 3.18, e 8.24; 1Co 1.21; Rm 3.20, e 2.14-15; Jo 4.22; At 4.12; Ef 5.23).[3]

Os exclusivistas são categóricos: acreditam piamente que Cristo não veio apenas fazer uma contribuição ao depósito religioso de conhecimento, diferente do que prega o pluralismo religioso. Segundo os exclusivistas, a revelação que ele trouxe é o padrão final. Como somente em Cristo há salvação e verdade, muitos caminhos religiosos não refletem adequadamente o caminho de Deus e não levam à verdade e à vida. Jesus não é, portanto, apenas o maior senhor entre outros senhores. Na verdade, não há outro senhor além dele.

Jesus não é, portanto, apenas o maior senhor entre outros senhores. Na verdade, não há outro senhor além dele.

Assim como o inclusivismo, o exclusivismo conta com a defesa de teólogos proeminentes, desde Agostinho, Martinho Lutero, João Calvino e Jonathan Edwards até evangélicos contemporâneos como Carl Henry, R. C. Sproul, Ronald Nash, John Piper e o teólogo presbiteriano Augustus Nicodemus, para citar alguns.

SERÃO SALVOS APENAS OS QUE CREREM EM JESUS CRISTO

O exclusivista afirma que toda verdade religiosa a respeito de Deus e seus caminhos é conhecida exclusivamente por intermédio dos ensinamentos do cristianismo, e que a salvação depende de ouvir essa verdade e, consequentemente, aceitá-la de forma

---

[3] *Catecismo Maior de Westminster.* Disponível em: https://ipb.org.br/content/Arquivos/Catecismo_Maior_de_Westminster.pdf. Acesso em: 21 mar. 2024.

consciente. Em linhas bem gerais, o exclusivista acredita que toda verdade religiosa reside nos ensinamentos do cristianismo e que Jesus é a única revelação de Deus. Mas essa é apenas metade do argumento exclusivista. Essa vertente também afirma que a salvação é limitada àqueles que ouviram essa verdade e fizeram uma resposta afirmativa a ela: "Deus não se revela de forma redentora por outros meios que não seja [...] através da atividade missionária de seus filhos para um mundo perdido".[4]

Ronald Nash, um dos principais proponentes do exclusivismo, o conceitua de modo a diferenciá-lo de outras duas linhas de interpretação. Conforme o autor, o exclusivismo cristão pode ser definido como a crença de que Jesus Cristo é o único Salvador e de que a fé explícita em Jesus Cristo é necessária para a salvação. A primeira alegação nega que existam outros salvadores, um fato que o distingue do pluralismo. A segunda alegação nega que as pessoas possam ser salvas sem fé consciente e explícita em Jesus Cristo, o que o diferencia do inclusivismo.[5] De acordo com Nash:

> Os evangélicos creem que Jesus é o único Salvador. Nós cremos que não há nenhum outro salvador e nenhuma outra religião que possa trazer os seres humanos à graça salvífica de Deus. [...] Não conheço ninguém que negue que os evangélicos comumente entendem que versículos tais como esses [João 14:6; Atos 4:12; Romanos 10:9-10; João 3:17-18; Hebreus 9:27-28] ensinem que, desde a morte e ressurreição de Jesus, a fé pessoal explícita em Jesus é uma condição necessária para salvação.[6]

A compreensão é a de que Jesus é a base ontológica e também epistemológica exclusiva para a salvação; portanto, a pregação não só é o meio por excelência — como creem os inclusivistas —, mas também a maneira *exclusiva* pela qual o não evangelizado poderá

---

[4] LINDSELL, Harold. *A Christian Philosophy of Missions*. Wheaton: Van Kampen, 1949. p. 117. Apud JOHNSON, Brad. "A Three-Pronged Defense of Salvific Exclusivism in a World of Religions". Disponível em: http://www.leaderu.com/theology/salvific.html. Acesso em: 29 ago. 2019.

[5] NASH, *Is Jesus the Only Savior?*, p. 4.

[6] NASH, "Restritivismo", p. 109.

receber a salvação em Cristo. João Machado concorda ao dizer que "hoje, a única possibilidade de alguém encontrar salvação está em ouvir o evangelho e crer nele nesta vida terrena. Outras religiões não são meios de salvação de modo algum; e a salvação depende da pregação do evangelho".[7] James Borland endossa essa crença, asseverando que "Cristo e os apóstolos ensinaram que, para alguém se apropriar da provisão de Cristo, a fé ou crença pessoal era uma necessidade. Além disso, a fé não pode ser nebulosa, mas deve ter um objeto [...]. Desde o Calvário, o conteúdo imutável da fé é o evangelho".[8] Hodge, ao articular sobre as condições necessárias para salvação em sua teologia sistemática, conclui que: "[...] no que diz respeito aos adultos, não há salvação sem o conhecimento de Cristo e fé nele depositada. Essa sempre foi considerada a base da obrigação que repousa sobre a Igreja, a saber, pregar o evangelho a toda criatura"[9].

No que se refere aos argumentos mais sólidos acerca da crença, o professor e teólogo William Holtzen tece uma pequena crítica, no sentido de que os exclusivistas modernos que adotam uma postura muito defensiva raramente abordam o tópico de modo a apoiar o exclusivismo de forma construtiva, mas a refutar criticamente as linhas de interpretação diferentes — o pluralismo e o inclusivismo, por exemplo.[10] Assim sendo, o exclusivismo assume uma postura menos teológica e mais apologética.

---

[7] MACHADO, "A singularidade de Cristo", p. 54.

[8] BORLAND, James. "A Theologian Looks at the Gospel and World Religions". *Journal of the Evangelical Theological Society*, n. 33, v. 1, mar. 1990. p. 3-11. p. 9.

[9] HODGE, Charles. *Teologia sistemática*. Trad. de Valter Martins. São Paulo: Hagnos, 2001. p. 22.

[10] HOLTZEN, *A Critical and Constructive Defence of the Salvific Optimism of Inclusivism*, p. 6.

CAPÍTULO 7

Argumentos bíblicos do exclusivismo

Os argumentos exclusivistas geralmente giram em torno de textos que evidenciam de "forma clara" o pressuposto restritivista. Das passagens frequentemente utilizadas, quatro são as mais explícitas: João 3:16-18,36; 14:6; Atos 4:12 e 1Timóteo 2:5. Segundo seus proponentes, são textos que "falam por si". Além do mais, os defensores se valem de alguns argumentos teológicos como depravação total e expiação limitada, conforme veremos logo adiante.

A total confiança na Bíblia é um sentimento comum entre os exclusivistas, que acreditam no cristianismo como a única religião revelada. Eles não apenas apelam à Bíblia para apoiar sua teologia, mas também, por causa de ataques à "integridade e confiabilidade" bíblica, eles defendem a salvação restrita a partir de uma defesa igualmente apaixonada da autoridade bíblica. Para o exclusivista, é inquestionável o fato de que o restritivismo está num alicerce muito mais firme do ponto de vista bíblico do que o inclusivismo.[1] De acordo com William Holtzen, "entre o que a Bíblia diz e as opiniões dos inclusivistas existe um mundo de diferença. A base bíblica do inclusivismo fica sobre um fundamento

A total confiança na Bíblia é um sentimento comum entre os exclusivistas, que acreditam no cristianismo como a única religião revelada.

[1] HOLTZEN, *A Critical and Constructive Defence of the Salvific Optimism of Inclusivism*, p. 131.

trêmulo e reflete uma tendência perturbadora de querer justificar evidentes declarações bíblicas que vão contra a posição deles".[2]

Vejamos agora alguns dos versos bíblicos geralmente utilizados como "fortaleza exclusivista" e os comentários que são feitos por alguns autores dessa linha interpretativa.

"QUEM NÃO CRÊ JÁ ESTÁ CONDENADO"

> Porque Deus tanto amou o mundo que deu o seu Filho Unigênito, para que todo o que nele crer não pereça, mas tenha a vida eterna. Pois Deus enviou o seu Filho ao mundo, não para condenar o mundo, mas para que este fosse salvo por meio dele. Quem nele crê não é condenado, mas quem não crê já está condenado, por não crer no nome do Filho Unigênito de Deus. [...] Quem crê no Filho tem a vida eterna; já quem rejeita o Filho não verá a vida, mas a ira de Deus permanece sobre ele. (João 3:16-18,36)

Para alguns exclusivistas, como é o caso do autor W. Gary Crampton, esses versos "dificilmente poderiam ser mais claros. Os que creem em Cristo têm a vida eterna, e os que não creem nele estão condenados. A fé em Jesus Cristo é condição *sine qua non* para a salvação. Não se pode ser salvo sem essa fé".[3] Diante do mesmo texto bíblico, Donald E. Price argumenta a condenação daqueles que não receberam o Filho. Em suas palavras:

> Não é que são condenados apesar de não terem culpa por não ouvirem o evangelho, pois a luz veio ao mundo, iluminando a "todo homem" (João 3:19). Pelo contrário, "os homens amaram mais as trevas do que a luz; porque as suas obras eram más". São condenados não porque a luz não chegou até eles, mas porque *fugiram da luz, para evitar que sua maldade ficasse exposta.*[4]

---

[2] HOLTZEN, *A Critical and Constructive Defence of the Salvific Optimism of Inclusivism*, p.131.

[3] CRAMPTON, W. Gary. "Christian Exclusivism". The Trinity Review, maio 2002. p. 1. Disponível em:https://www.trinityfoundation.org/PDF/The%20Trinity%20Review%200196a%20Christian Exclusivism.pdf. Acesso em: 3 jun. 2024.

[4] PRICE, "A importância da singularidade de Cristo para a prática missionária ou será que só Jesus salva?", p. 33.

O autor salienta que o Evangelho de João afirma reiteradas vezes que Jesus é o único mediador entre Deus e a humanidade, no sentido de que sempre o coloca como objeto da fé — é essa fé em Jesus que traz a salvação (João 3:16,18; 14:6,9; 20:31). De acordo com Price, João não distingue a fé em Cristo como necessidade ontológica (fundamental) ou necessidade epistemológica (informativa) de ouvir o evangelho e crer nele para receber a salvação. Pois, "a fé que salva tem um conteúdo epistemológico bem definido".[5]

JESUS: O CAMINHO, A VERDADE E A VIDA

Outra passagem preferida para defender o exclusivismo é João 14:6, em que Jesus, em resposta à pergunta de Tomé de como os discípulos devem saber o caminho, declara: "Eu sou o caminho, a verdade e a vida. Ninguém vem ao Pai, a não ser por mim". O argumento exclusivista diz que Jesus está afirmando que somente aqueles que sabem a verdade de que ele, Cristo Jesus, é o caminho encontram a vida. Aliás, R. C. Sproul defende que, nessa passagem, Jesus está enfaticamente ensinando o exclusivismo. Segundo o autor, Jesus usa uma preposição negativa universal quando diz "ninguém vem ao Pai, *exceto* através de mim" (ARC, grifo do autor); o termo *exceto* indica uma condição que deve ser atendida para que um resultado ocorra. O destino em vista é o Pai, e a condição necessária para isso é "através de mim".[6] Para Sproul, essa passagem é a espinha dorsal do exclusivismo, tanto que o autor declara: "A razão pela qual acredito que Cristo é a única maneira de Deus é porque o próprio Cristo ensinou".[7]

Diante do mesmo texto, o estudioso William Hendriksen crê que "tanto o absoluto [exclusivismo] da religião cristã como a urgente necessidade das missões cristãs estão claramente indicados

---

[5] PRICE, "A importância da singularidade de Cristo para a prática missionária ou será que só Jesus salva?", p. 33.

[6] SPROUL, R. C. *Getting the Gospel Right*: The Tie that Binds Evangelicals Together. Grand Rapids: Baker Books, 1999. p. 119-20.

[7] SPROUL, *Reason to Believe*, p. 37.

na passagem".[8] Para Nash, essa passagem também não poderia ser mais clara, pois, diz o autor, "Jesus afirma em termos inequívocos" que somente ele é o caminho para salvação.[9] O professor e teólogo James Borland acrescenta, em relação a João 14:6, que "Jesus foi bastante enfático sobre a impossibilidade absoluta de alcançar o céu à parte de si mesmo".[10]

EM NENHUM OUTRO HÁ SALVAÇÃO

Outro texto de que os exclusivistas lançam mão é o de Atos 4:12, que diz: "Não há salvação em nenhum outro, pois, debaixo do céu não há nenhum outro nome dado aos homens pelo qual devamos ser salvos". Para o pastor John Piper, esse texto é "uma passagem fundamental para responder à pergunta se aqueles que nunca ouviram o evangelho de Jesus podem ser salvos".[11] Com isso, Piper sugere que estes não podem absolutamente ser salvos. Sobre essa passagem, o holandês Simon Kistemaker comenta:

> A palavra "devamos" revela uma necessidade que Deus instituiu, de acordo com o seu plano e decreto, para nos salvar [os eleitos] mediante a pessoa e a obra de Jesus Cristo. Além disso, esse "devamos" significa que o ser humano está sob a obrigação moral de responder ao chamado de crer em Jesus Cristo e, assim, obter a salvação. Ele não tem outro meio de salvação senão pelo Filho de Deus.[12]

Os autores Douglas Geivett e Gary Phillips entendem que esse versículo ensina o exclusivismo de forma inegável; conforme eles, a menção de um nome remete ao foco no objeto da fé, a saber, Jesus Cristo. Para eles, Jesus é mais do que simplesmente a fonte

---

[8] HENDRIKSEN, William. *New Testament Commentary*: Exposition of the Gospel According to John. Grand Rapids: Baker Book [1953] 1954. p. 269. Apud CRAMPTON, "Christian Exclusivism", p. 2.

[9] NASH, *Is Jesus the Only Savior?*, p. 16.

[10] BORLAND, "A Theologian Looks at the Gospel and World Religions", p. 8.

[11] PIPER, *Jesus, o único caminho para Deus*, p. 73.

[12] KISTEMAKER, Simon. *New Testament Commentary*: Exposition of the Acts of the Apostles. Grand Rapids: Baker Book, 1990. p. 56. Apud CRAMPTON, "Christian Exclusivism", p. 2.

da salvação, o que significa que ele deve ser reconhecido.[13] Sproul amplifica essa passagem ao afirmar: "Nenhum outro líder religioso era um homem-Deus. Nenhum outro líder religioso expiou os pecados do seu povo. Cristo, e somente Cristo, era sem pecado e qualificado para oferecer o sacrifício perfeito para satisfazer as demandas da justiça de Deus. Não há outro nome no céu pelo qual os homens devem ser salvos".[14]

"Não há outro nome no céu pelo qual os homens devem ser salvos."

No entanto, a interpretação tipicamente inclusivista desse texto diz que "a salvação em sua plenitude está disponível para a humanidade somente porque Deus, na pessoa de seu Filho Jesus, a providenciou".[15] O versículo diz que a salvação vem somente por meio da *obra* de Jesus, mas não somente pela fé em Jesus. Nesse caso, sua obra pode beneficiar os que se relacionam com Deus corretamente sem Cristo, por exemplo, a partir da revelação geral e providência. Ademais, "o texto fala de forma vigorosa sobre o incomparável poder do nome de Jesus para salvar (e curar) aqueles que ouvem e respondem às boas-novas, mas a passagem não comenta acerca do destino dos gentios".

Contrapondo a interpretação inclusivista desse texto, Nash diz que, na verdade, o contexto mais amplo de Atos 4 enfatiza "uma salvação holística que inclui tanto a cura física como a espiritual. Mas seria errado ignorar a relação do verso 12 com o contexto ainda maior do restante do livro de Atos [...] um exame cuidadoso do livro de Atos revela o modo firme pelo qual Paulo e outros evangelistas agem e falam, como se não houvesse nenhum outro caminho".[16]

Piper, de modo semelhante, discorda de tal interpretação, pois, para ele:

---

[13] GEIVETT, Douglas; PHILLIPS, Gary. "A Particularist View: An Evidentialist Approach". In: OKHOLM; PHILLIPS (orgs.). *Four Views on Salvation in a Pluralistic World*, p. 232-3.

[14] SPROUL, *Getting the Gospel Right*, p. 123.

[15] PINNOCK, Clark. "Acts 4.12: No Other Name under Heaven". Edinburgh Christology Conference 2002, Paper II, 20-28, p. 19.

[16] NASH, "Restritivismo", p. 129.

> O objetivo em dizer "Não há nenhum outro *nome*" é que somos salvos por invocar o nome do Senhor Jesus. Ao invocar o seu nome, entramos na comunhão com Deus. Se alguém é salvo por um Jesus não identificado, ele não é salvo *pelo nome de Jesus*. [...] O nome de Jesus é o foco da fé e do arrependimento. A fim de crer em Jesus para o perdão dos pecados, você deve acreditar em seu nome, o que significa [...] ter ouvido falar dele e saber quem ele é como um homem específico que fez uma obra salvadora específica e ressuscitou dos mortos.[17]

Para fortalecer o argumento, Piper cita Romanos 10:13-15, em que Paulo elabora a questão do "nome do Senhor". Para Piper, o apóstolo Paulo faz menção de Joel 2:32 para a grande declaração do evangelho: "Todo aquele que invocar o nome do Senhor será salvo", e tal declaração é seguida de perguntas retóricas, "Como, pois, invocarão aquele em quem não creram? E como crerão naquele de quem não ouviram falar? E como ouvirão, se não houver quem pregue?". Essas perguntas certamente servem de combustível para o engajamento missionário, pois, de outro modo, os não evangelizados estariam perdidos.

INVOCAR, CRER E OUVIR

Romanos 10:9-10 apresenta uma condição que a perspectiva exclusivista entende como fundamental para a salvação: "Se você confessar com a sua boca que Jesus é Senhor e crer em seu coração que Deus o ressuscitou dentre os mortos, será salvo. Pois com o coração se crê para justiça, e com a boca se confessa para salvação".

Considerando as três perguntas retóricas feitas por Paulo em Romanos 10:14 — "Como, pois, invocarão aquele em quem não creram? E como crerão naquele de quem não ouviram falar? E como ouvirão, se não houver quem pregue?" —, Piper pondera três razões pelas quais invocar o Senhor Jesus é essencial:[18]

---

[17] PIPER, John. *Jesus, the Only Way to God*: Must You Hear the Gospel to be Saved?. Grand Rapids: Baker Books, 2010, p. 94-5.

[18] PIPER, *Jesus, the Only Way to God*, p. 102.

1. Invocar: "a invocação pressupõe fé naquele que é invocado. Isso exclui a tese de que se pode invocar a Deus sem fé salvadora em Cristo".
2. Crer: "a fé pressupõe ouvir Cristo na mensagem do evangelho. Isso exclui a tese de que uma pessoa pode ter fé salvadora sem realmente conhecer ou encontrar Cristo no evangelho".
3. Ouvir: "ouvir Cristo no evangelho pressupõe um proclamador do evangelho. Isso exclui a tese de que uma pessoa possa de algum modo encontrar ou ouvir Cristo sem um mensageiro para pregar-lhe o evangelho".

Por fim, o pastor batista assevera que, considerando as implicações de Atos 4:12 e Romanos 10:13-21, podemos concluir que Pedro e Paulo concordam entre si:

> Tanto Pedro como Paulo nos ensinam que ouvir falar de Jesus no evangelho, crer nele e invocar o seu nome são essenciais para a salvação. O pressuposto teológico por trás dessa convicção missionária apostólica é que Jesus é o cumprimento de tudo o que o Antigo Testamento apontava. Antes de Jesus, a fé era focada na misericórdia e na promessa de Deus de perdoar os pecados e cuidar do seu povo. À medida que a revelação avançou, a fé se moveu mais facilmente do sacrifício de animais para o prometido de Isaías 53 que carregaria os pecados.[19]

Piper considera a concepção do apóstolo João no Evangelho paralela à de Paulo em Romanos 10:14. Assim como Paulo diz que ninguém pode crer num Cristo do qual não ouviu, de igual modo, Jesus diz em João 10:27: "As minhas ovelhas ouvem a minha voz; eu as conheço, e elas me seguem" (veja também João 10:4,14). Ou seja, Jesus reúne o seu rebanho redimido chamando-o com sua própria voz. As ovelhas verdadeiras ouvem sua voz e o seguem, e ele lhes dá a vida eterna (v. 28). Dessa maneira, "a vida eterna só vem para aqueles que ouvem a voz do Pastor e o seguem. [...] Esse ouvir vem por meio dos mensageiros do Pastor".[20]

---

[19] PIPER, *Jesus, the Only Way to God*, p. 105.
[20] PIPER, *Jesus, the Only Way to God*, p. 113.

Sanders oferece um contraponto à interpretação exclusivista de Romanos 10:13-15: "Esse texto é claro quanto ao fato de que 'quem quer que confesse Jesus como Senhor, e creia em seu coração que Deus o ressuscitou dos mortos será salvo'. O que não é claro é que qualquer pessoa que não preencha essas condições está perdida. Paulo simplesmente não especifica o quanto uma pessoa tem de saber para ser salva".[21]

CORNÉLIO PRECISAVA OUVIR O EVANGELHO

O controverso texto de Atos 10 é interpretado por inclusivistas como um texto que apoia a ideia de que uma pessoa pode ser salva à parte do conhecimento do evangelho. Clark Pinnock descreve Cornélio como "o pagão santo por excelência do Novo Testamento, um crente em Deus antes de ter-se tornado um cristão".[22] Porém, o mesmo texto é visto a partir de outro prisma por alguns exclusivistas, como é o caso de Piper. O autor elenca quatro razões pelas quais ele acredita que Cornélio não estava salvo até a chegada do apóstolo Pedro:[23]

1. Conforme Atos 11:14, a mensagem que Pedro levou foi a maneira pela qual Cornélio foi salvo.
2. O perdão dos pecados é a salvação, e o perdão vem por meio da fé em Cristo, que vem por meio do nome de Cristo (Atos 10:43).
3. Devoção, obras de justiça e sinceridade religiosa não resolvem o problema do pecado.
4. Quando o povo ouviu Pedro contar a história de Cornélio, seus receios iniciais foram silenciados. "Ouvindo isso, não apresentaram mais objeções e louvaram a Deus, dizendo: Então, Deus concedeu arrependimento para a vida até mesmo aos gentios!" (Atos 11:18).

A partir da leitura que faz desse texto, Piper conclui que "Cornélio e sua casa ainda não tinham a vida eterna, pois é o

---

[21] SANDERS, *No Other Name*, p. 67.
[22] PINNOCK, *A Wideness in God's Mercy*, p. 165.
[23] PIPER, *Jesus, the Only Way to God*, p. 81-2.

arrependimento que conduz à vida eterna (literalmente, 'até à vida eterna'). Assim sendo, eles só receberam a vida eterna quando ouviram a mensagem de Cristo e se converteram (se arrependeram) e creram nele".[24]

Esses são alguns dos versos bíblicos, com suas respectivas interpretações, defendidos pelo ponto de vista exclusivista. Em resposta a esses argumentos, o inclusivista responde que os referidos textos, na verdade, apontam para o fato de que Cristo é a base ontológica da salvação e, que nos contextos mencionados, as pessoas tinham condições de aceitá-lo. Portanto, deveriam depositar fé pessoal nele.

---

[24] PIPER, *Jesus, the Only Way to God*, p. 82.

CAPÍTULO 8

Argumentos teológicos do exclusivismo

O exclusivista não depende apenas de textos de prova para defender seu ponto de vista. Ele também procura oferecer uma teologia sistemática bem desenvolvida, que se baseia nas obras de muitos teólogos notáveis. Essa seção apresentará uma breve seleção de alguns dos argumentos usados para apoiar tal entendimento da salvação.

DEUS NÃO É OBRIGADO A SALVAR NINGUÉM

Uma possível objeção ao exclusivista seria: por que Deus limitaria a salvação? O exclusivista retrucaria dizendo que essa pergunta está formulada de maneira errada. A pergunta correta é: por que Deus deveria salvar alguém?

R. C. Sproul questiona: "Se de fato o homem cometeu traição cósmica contra Deus, que razão poderíamos ter em questionar algo vindo da parte dele? Deus deve providenciar algum meio de redenção? À luz da rebelião universal contra Deus, a questão não é 'Por que existe apenas uma maneira?', mas sim 'Por que existe alguma maneira?'".[1]

O exclusivista geralmente constrói sua teologia sobre os ombros de conceitos cristãos clássicos, como pecado original, depravação total, expiação limitada e substitutiva, e inferno eterno. James Borland faz muitas dessas suposições ao defender que o

[1] SPROUL, *Reason to Believe*, p. 43.

cristianismo ensina que o ser humano foi criado como uma perfeita criatura finita, uma mistura de material e imaterial — que, por opção, encontra-se caída, mas ainda é resgatável. O ser humano tem apenas uma vida na terra e será ressuscitado corporalmente (Hebreus 9:27) para a eternidade com Deus e com os remidos, ou então existirá em consciente tormento eterno com os anjos caídos e a humanidade não resgatada.

Visto que o ser humano ofendeu a Deus, ele deve suportar a pena de morte.[2] O estado decaído da humanidade é uma condição universal que afetou a todas e cada uma das pessoas, de modo que todas estavam sob juízo e condenação. Enquanto os exclusivistas afirmam que toda a humanidade, ao longo da história, caiu e escolheu o inferno, eles também afirmam que há esperança para quem ouve o evangelho. O exclusivista rejeita a noção de um Deus cruel e desamoroso (por não fornecer um meio de salvação a todos, acessível em todos os lugares), afirmando que Deus está justificado por não salvar ninguém; a despeito disso, ele graciosamente entregou seu Filho como sacrifício, para que aqueles que crerem em seu nome sejam salvos.

Deus está justificado por não salvar ninguém; a despeito disso, ele graciosamente entregou seu Filho como sacrifício, para que aqueles que crerem em seu nome sejam salvos.

O CONHECIMENTO CORRETO DE CRISTO É ESSENCIAL

John MacArthur, no que diz respeito a um conhecimento salvador, afirma que somos informados de que a vida é obtida por meio do conhecimento do verdadeiro Deus e de Jesus Cristo — visto que o próprio Jesus é o verdadeiro Deus encarnado, e crer em sua divindade (e, por implicação, em toda a doutrina da Trindade) é uma regra fundamental da fé.

---

[2] BORLAND, "A Theologian Looks at the Gospel and World Religions", p. 5.

A. W. Pink argumenta que um conhecimento correto de Cristo é essencial para a salvação e pergunta: como é possível crer em Cristo sem saber quem ele é? Pink conclui que "ninguém pode vir a Cristo enquanto não o conhecer".[3]

Todavia, esse conhecimento acerca de Cristo não é teórico nem simplesmente intelectual, mas um conhecimento que envolve sentimentos e crenças, um conhecimento "relacional". Os judeus do Novo Testamento, de acordo com Pink, eram um exemplo de conhecimento de "cabeça" sem conhecimento de "coração". Eles foram instruídos nas Escrituras e se consideravam qualificados para ensinar aos outros; todavia, a verdade não havia sido escrita em seus corações pelo Espírito Santo.[4] O Espírito Santo é aquele que transmite a verdade salvadora, mas esse conhecimento mais profundo é seguido do conhecimento de Cristo. Em suma, Pink sustenta que só há salvação por meio de um conhecimento sobrenatural acerca de Cristo, que vem somente pelo Espírito Santo, mas esse conhecimento é limitado àqueles que ouviram ou conhecem Cristo.

Mas e quanto aos que não ouviram, o que dizem os exclusivistas?

NINGUÉM É INOCENTE

Sproul, a fim de responder a essa pergunta, primeiro aborda as noções de que pessoas que nunca ouviram falar são inocentes, e que punir o inocente é imoral. Assumindo a doutrina do pecado original, declara: "As pessoas inocentes não precisam ouvir de Cristo. Elas não precisam de redenção".[5] De forma irônica, Sproul parte do princípio de que, se os não evangelizados são inocentes, na verdade não há problema, pois pessoas inocentes não carecem de redenção. Contudo, segundo Sproul, ninguém pode alegar inocência, pois Deus se revelou, se fez conhecido por meio da revelação

---

[3] MCARTHUR, John. *Reckless Faith*: When the Church Loses Its Will to Discern. Wheaton: Crossway, 1994. p. 111. Apud HOLTZEN, *A Critical and Constructive Defence of the Salvific Optimism of Inclusivism*, p. 23.

[4] PINK, A. W. *The Doctrine of Salvation*. Grand Rapids: Baker Book, 1975. p. 87. Apud HOLTZEN, *A Critical and Constructive Defence of the Salvific Optimism of Inclusivism*, p. 24.

[5] SPROUL, *Reason to Believe*, p. 49.

geral e não se revela apenas a um pequeno grupo de elite de eruditos ou sacerdotes, mas a toda a humanidade.[6] Todos receberam acesso "simples", "claro" e "inequívoco" ao conhecimento.[7]

De acordo com o escritor, deve-se concluir que toda a humanidade conhece o Pai, seja de maneira geral, seja especial; mas significa também que toda a humanidade rejeitou o Pai. Em resumo, pode-se afirmar que, de acordo com a teologia calvinista de Sproul, os salvos não são aqueles que não rejeitaram a Cristo, pois todos rejeitaram a Cristo, mas aqueles que não foram rejeitados por Cristo.[8]

Ademais, ele também discorda da noção de que Deus respeita as tentativas honestas, embora errôneas, de não cristãos de adorá-lo segundo o entendimento que têm de Deus. Alguns inclusivistas sustentam que Deus reconhece que muitos não têm instruções adequadas sobre como o Senhor deseja ser adorado e, assim, só podem adorá-lo como bem entenderem. Sproul sustenta que Deus não apenas não honra tais tentativas, como se sente ofendido por tais atos. Ele afirma:

> Ser zeloso na adoração de ídolos é ser zeloso no insulto da glória e dignidade de Deus. Se Deus revela claramente sua glória e essa glória é substituída por culto às criaturas, a religião que se segue não é agradável, mas desagradável para Deus [...] a religião pagã é vista, então, não como fruto de uma tentativa honesta de procura por Deus, mas a partir de uma rejeição fundamental da autorrevelação de Deus.[9]

John MacArthur acrescenta que, na verdade, é Satanás que não se importa com o que acreditamos — ou com quanta sinceridade nós acreditamos —, desde que creiamos num erro. Retratar Deus como tolerante a todas as formas de adoração é negar o Deus das

---

[6] SPROUL, *Reason to Believe*, p. 52.
[7] SPROUL, *Reason to Believe*, p. 52.
[8] Sproul argumenta que o "pagão" remoto é culpado por rejeitar o Pai, que é conhecido através da revelação geral. O conhecimento de Cristo é uma redenção do conhecimento. Alguém é culpado antes de Cristo ter sido pregado ou rejeitado.
[9] SPROUL, *Reason to Believe*, p. 54-5.

Escrituras, pois, segundo MacArthur, se cremos na Bíblia, não podemos admitir que outras religiões também sejam verdadeiras.[10] Borland concorda com esse pensamento quando diz:

> Todo pagão que já foi salvo teve que crer no mesmo evangelho. O eunuco foi salvo dessa maneira. Cornélio foi salvo dessa maneira. O carcereiro em Filipos foi salvo dessa maneira. Eu fui salvo assim, e você também [...] eu não acredito que tenhamos qualquer garantia para reivindicar que Deus está fazendo as coisas de maneira diferente hoje, não importa com que frequência se suponha isso.[11]

Sproul acrescenta que, na medida em que "Deus julga de acordo com o conhecimento que as pessoas têm", ele ainda é insultado e ferido pela idolatria das outras religiões do mundo, religiões estas que não redimem as pessoas; pelo contrário, podem aumentar sua culpa.[12]

CRISTO MORREU APENAS PELOS ELEITOS

Outro argumento teológico, conforme proposto por Nash, se refere ao alcance da expiação de Cristo que, por sua vez, possui implicações acerca da vontade salvífica de Deus. O tratamento exclusivista da noção de que Deus deseja que todos sejam salvos (1Timóteo 2:4; Tito 2:11; 2Pedro 3:9; 1João 2:2) precisa ser abordado. As palavras em disputa são "todos" e "mundo", "as quais, os inclusivistas insistem, devem sempre significar cada pessoa humana".[13] Nash compreende que o uso do termo "todos" pode se referir a *todas as pessoas sem distinção* ou a *todas as pessoas sem exceção*. Entretanto, segundo seu entendimento, passagens como essas listadas anteriormente ensinam que Cristo não morreu apenas pelos judeus, pelos homens, pelas pessoas instruídas ou por indivíduos

---

[10] MCARTHUR, *Reckless Faith*, p. 21. Apud HOLTZEN, *A Critical and Constructive Defence of the Salvific Optimism of Inclusivism*, p. 23.

[11] BORLAND, "A Theologian Looks at the Gospel and World Religions", p. 10.

[12] SPROUL, *Reason to Believe*, p. 58-9.

[13] NASH, "Restritivismo", p. 126.

poderosos; significam, antes, que ele morreu também por gentios, mulheres e crianças, bárbaros, escravos e pobres. De acordo com a interpretação de Nash, esses textos são mais bem entendidos considerando que o que Deus fez por todos os seres humanos não é *sem exceção*, mas *sem distinção*.[14] Em outras palavras, Deus não torna a salvação universalmente acessível a todas as pessoas, mas a salvação é dada a *todos os tipos* de pessoas. O autor conclui que as passagens bíblicas às quais os inclusivistas apelam não cumprem a tarefa de apoiar a posição deles.

Piper concorda com a interpretação de Nash. Segundo ele, o texto que diz que "Deus quer que todas as pessoas sejam salvas" não se refere a todas as pessoas no mundo, mas a todos os tipos de pessoas.[15] Piper parte do argumento que Calvino, Edwards e inúmeros outros teólogos reformados sugeriram: Deus tem pelo menos duas vontades, a saber, sua "vontade decretiva" e sua "vontade revelada".[16] Em seu breve ensaio, depois de dar exemplos da aparente "vontade dupla" de Deus, Piper retorna à questão da vontade de Deus no que diz respeito a todos serem salvos. O que devemos dizer do fato de que Deus deseja algo que não acontece? Piper diz que existem duas possibilidades: uma é a de haver um poder no universo maior que o de Deus, que o frustra e anula o que ele deseja; a segunda é que Deus não quer salvar a todos, mesmo que esteja disposto a isso. Nesse caso, a segunda possiblidade é mais coerente.[17] Ou seja, os propósitos de Deus foram estabelecidos as-

---

14 NASH, "Restritivismo", p. 126.

15 PIPER, John. "Are There Two Wills in God?". In: SCHREINER, Thomas R.; WARE, Bruce A. (orgs.). *Still Sovereign*: Contemporary Perspective on Election, Foreknowledge, and Grace. Grand Rapids: Baker Books, 1995. p. 108.

16 Para entender as duas vontades de Deus, considere Êxodo 4:21-23 e a dureza do coração de Faraó. Deus, por intermédio de Moisés, ordenará que Faraó deixe o povo ir. Essa é a vontade *preceptiva* de Deus, isto é, sua vontade de preceito ou ordem. Ela é o que Deus diz que deveria acontecer. Outros chamam isso de vontade revelada ou vontade moral de Deus. Mas Deus também diz que endurecerá o coração de Faraó, de sorte que Faraó não obedecerá à ordem de deixar o povo ir. Essa é a vontade *decretiva* de Deus, ou seja, sua vontade de decreto ou propósito. O que Deus ordenou, acontecerá. Ela é também conhecida como vontade oculta, vontade soberana ou vontade eficiente. "Assim, o que vemos [em Êxodo] é que Deus ordena que Faraó faça algo que a vontade do próprio Deus não permite. A boa coisa que Deus ordena, ele impede. E aquilo que ele traz envolve pecado." (PIPER, "Are There Two Wills in God?", p. 114).

17 PIPER, "Are There Two Wills in God?", p. 123.

sim, pois é desse modo que ele receberá a maior glória.

Para Piper e outros exclusivistas, Deus ama e deseja que todos sejam salvos, mas sua sabedoria não permite que ele aja de acordo com esse desejo e realmente salve os não eleitos. Por meio de todos esses argumentos, o exclusivista centraliza sua teologia na finalidade da obra e salvação de Jesus Cristo. Todos os seres humanos estão perdidos, merecem condenação e carecem um conhecimento salvador que apenas a revelação geral não pode fornecer. As outras religiões, além de formas de adoração imperfeitas e inaceitáveis, também são pontos obscuros de idolatria humana que distanciam a humanidade ainda mais de Deus.

Quanto à revelação geral dada por Deus, os exclusivistas dizem que ela certamente não é suficiente para salvar, contudo, é inquestionavelmente suficiente para condenar. É como se Deus tivesse dado ao mundo o conhecimento necessário sobre si próprio para impedir qualquer acusação de injustiça contra ele por condenar aqueles que não creem. Por isso, diante do diagnóstico dos seres humanos, dado a incapacidade salvífica da revelação geral, os não evangelizados precisam ouvir, o quanto antes, as boas-novas, sem as quais estarão irremediavelmente perdidos.

É como se Deus tivesse dado ao mundo o conhecimento necessário sobre si próprio para impedir qualquer acusação de injustiça contra ele por condenar aqueles que não creem.

CAPÍTULO 9

Missões: bênção ou maldição?

As missões são outra questão frequentemente observada pelos exclusivistas, que geralmente levantam esse tópico como uma objeção às linhas de interpretação que divergem do seu pensamento. Conforme os exclusivistas, onde houver referência ao inclusivismo, não deixará de haver um problema relacionado às missões cristãs. Isso porque muitos cristãos, ao deparar com o inclusivismo pela primeira vez, pensam que essa corrente enfraquece o propósito missionário e evangelístico.[1]

Muitos exclusivistas concluem que o inclusivismo torna as missões cristãs "más-novas" em vez de serem as boas-novas do reino, porque, quando um missionário, num grande sacrifício pessoal, deixa seu lar e sua família para levar o evangelho aos não alcançados, na verdade está colocando em risco "a salvação ignorante" do não evangelizado. Se este ouvir o evangelho, mas se recusar a crer, a primeira consequência do sacrifício do missionário é assegurar a condenação daquele que antes era não evangelizado. "Se o missionário houvesse ficado longe deles e continuado a desfrutar do conforto do lar, a esperança eterna dos não evangelizados nunca teria sido ameaçada",[2] diz Nash. Ao que parece, nessa crítica, ele pressupõe que todos os não evangelizados estão salvos por conta da ignorância acerca de Jesus Cristo ou por inocência. Porém, essa definitivamente não é a proposta inclusivista. Assim, tal acusação é falaciosa, pois parte de uma premissa equivocada.

---

[1] NASH, "Restritivismo", p. 137.

[2] NASH, "Restritivismo", p. 137.

A questão é que existem muitos não evangelizados que rejeitam a medida de graça que lhes é revelada. Ora, se no Brasil, por exemplo, onde há livre circulação do evangelho, de modo que as pessoas ouvem claramente sobre a salvação ofertada em Jesus Cristo, elas ainda assim rejeitam deliberadamente a salvação, imagine aqueles que têm acesso a revelação geral, providência e censo de moralidade — aspectos que não são tão claros se comparados com a exposição do evangelho feita por um cristão evangelista. É evidente que muitos entre os não evangelizados rejeitarão a medida de luz que recebem.

A URGÊNCIA DAS MISSÕES CRISTÃS

O exclusivista acredita que o inclusivismo não incentiva às missões cristãs e que, em contrapartida, o exclusivismo é extremamente preocupado com missões, visto que não há outra forma de proclamar o nome de Jesus e que não existe no universo outro nome tão excelente como o de Cristo, o próprio Deus e o único mediador entre Deus e a humanidade. Donald Price, ao discorrer sobre a compaixão pelas pessoas sem Cristo e sem esperança, elenca alguns motivos pelos quais devemos estar engajados com missões. Segundo o autor, "se entendermos, como João, que aqueles que não creem já estão condenados (3:18), mas que Cristo veio para que tenham vida e a tenham em abundância (10:10), enviando até seu Espírito a fim de que tenham convicção de que são passíveis de juízos por não crer em seu nome", então, conclui Price, "não podemos, pelo amor de Deus, permanecer impassíveis diante da condição dos que não o conhecem. Deus literalmente não nos deixa alternativa: façamos missões!".[3]

Ainda sobre o engajamento dos exclusivistas com as missões cristãs, vemos também Piper fazendo uma advertência no que tange o envolvimento com missões:

---

[3] PRICE, "A importância da singularidade de Cristo para a prática missionária ou será que só Jesus salva?", p. 35.

> Portanto, a igreja tem obrigação de se envolver com o Senhor da glória na sua causa. [...] É nosso privilégio indescritível nos envolver com ele no maior movimento da história — a reunião dos eleitos "de toda tribo, língua, povo e nação" até que o número total dos gentios se complete, e todo o Israel seja salvo, e o Filho do Homem desça com poder e grande glória como Rei dos reis e Senhor dos senhores, e a terra fique cheia de conhecimento da sua glória como as águas cobrem o mar para sempre e sempre (Hebreus 2:14).[4]

A tarefa missionária não compreende "apenas" alcançar o perdido, mas também trabalhar para que outros glorifiquem e adorem o Senhor.

A tarefa missionária não compreende "apenas" alcançar o perdido, mas também trabalhar para que outros glorifiquem e adorem o Senhor. O engajamento missionário faz com que outros povos conheçam a Deus; sobretudo, sua interação com a humanidade ao longo da história, a qual revela seu caráter pessoal, que consiste no seu relacionamento com o ser humano apesar de seu estado espiritual, e revela ainda seu plano histórico redentivo, seu cuidado e sua provisão. Enfim, há inúmeros benefícios em conhecer ao Senhor e poder servi-lo.

É preciso dizer que o inclusivismo também entende a urgência das missões, apesar de seu otimismo quanto aos não alcançados pelo evangelho, até porque uma coisa não anula a outra, e nada substitui um missionário devidamente preparado, em todos os sentidos, levando o evangelho. Entretanto, o amor de Deus não está condicionado ao engajamento missionário da igreja. Justamente por saber que muitos não ouviriam o evangelho, em sua onissapiência, Deus foi além da proclamação verbalizada e se faz conhecido por intermédio de revelação geral, da providência e do senso de moralidade, deixando rastros de si e até mesmo em aspectos culturais vigentes.

---

4 PIPER, *Jesus, the Only Way to God*, p. 123.

CONCLUSÃO

Nesta parte, vimos de forma introdutória a linha de interpretação exclusivista, que tem suas raízes nos primeiros séculos da era cristã, com o famoso axioma "*extra ecclesiam nulla salus*" (fora da igreja não há salvação). Tal conceito foi reproduzido ao longo da história por grandes teólogos como Lutero e Calvino.

Segundo o exclusivismo, é de fundamental importância que o não alcançado ouça a mensagem do evangelho, pois houve uma virada histórica com o advento da encarnação do Verbo. Desde então, segundo os exclusivistas, aqueles que morrerem sem ouvir o glorioso evangelho certamente serão condenados, independentemente de onde e quando tenham vivido após a morte, o sepultamento, a ressurreição e a ascensão de Cristo aos céus.

Os exclusivistas acreditam piamente na singularidade epistemológica de Cristo em razão dos diversos textos que "falam por si", os quais são, para eles, textos inquestionáveis.

Uma palavra final

Chegamos ao fim de nossa modesta obra. Ao longo do presente texto, tratamos das duas principais correntes que discutem o destino eterno dos não evangelizados.

Em primeiro lugar, observamos que a linha de interpretação do inclusivismo crê que Deus seria absolutamente injusto se utilizasse como critério para a salvação dos não evangelizados a fé em Cristo (assim como seria injusto usar a fé em Cristo como critério de salvação para os bebês e os mentalmente incapazes). Afinal de contas, Deus poderia julgar e condenar de forma justa aqueles que não creram em Cristo, quando, na verdade, eles nunca ouviram falar dele? Os inclusivistas pensam que não.

Os inclusivistas admitem que Romanos 1 e 2 lançam luz sobre a questão. De acordo com esses dois capítulos, Deus julgará as pessoas segundo o que possuírem da informação autorrevelada de Deus, e tal informação é oriunda de duas fontes: a criação (Romanos 1) e a consciência (Romanos 2), que compõem o que é conhecido como "revelação geral".

Mesmo nos lugares onde a mensagem do evangelho é desconhecida, a salvação talvez seja possível a qualquer um que responda em fé à autorrevelação geral de Deus na criação e na consciência.

Mesmo nos lugares onde a mensagem do evangelho é desconhecida, a salvação talvez seja possível a qualquer um que responda em fé à autorrevelação geral de Deus na criação e na consciência. Em outras palavras, a fé em Cristo é o critério para salvar aqueles que ouviram falar de Cristo e que podem responder à mensagem ouvida. A fé em Cristo não pode ser o critério para salvar aqueles que nunca ouviram falar dele e/ou não podem responder à mensagem do evangelho.

Não obstante, todos aqueles que vierem a ser salvos só o serão em razão da morte expiatória de Cristo, ainda que não tenham um conhecimento desse fato — tal como acontecia na antiga aliança, quando a salvação se dava pelo mesmo meio que na nova aliança, ou seja, pela graça, mediante a fé. Contudo, o conteúdo dessa fé era distinto em ambos os casos. Na antiga aliança, a salvação se dava pela fé em Yahweh (e não em Jesus, pois este ainda nem existia enquanto personagem histórico). Na nova aliança, a salvação se dá pela fé em Cristo. Em resumo, podemos dizer que uma fé-resposta, proporcionada pela graça divina, é imprescindível para a salvação daqueles que podem responder em fé, mas não é necessária para aqueles que não podem responder dessa forma (por exemplo, bebês e portadores de deficiências cognitivas).

Em segundo lugar, vimos a linha de interpretação exclusivista, que acredita que Cristo é a base ontológica e epistemológica exclusiva para a salvação, de maneira que, se o indivíduo morrer sem ouvir sobre Jesus, estará condenado à danação eterna, independentemente de seu contexto histórico e geográfico.

Por conta disso, há demasiada ênfase no engajamento missionário, visto que essa é a única maneira de propiciar salvação ao perdido, pois é de fundamental importância que o não alcançado ouça a mensagem do evangelho.

Por fim, cabe dizer que nenhuma das duas linhas de interpretação são perfeitas e irrefutáveis. Ainda assim, ambas procuram, à luz da Palavra de Deus, responder à seguinte questão: há esperança para os povos não evangelizados, caso morram nessa condição? O exclusivismo dirá enfaticamente "Não!", enquanto o inclusivismo, em um tom mais otimista, dirá "Sim!".

De todo modo, inclusivistas e exclusivistas, em que pese as discordâncias, fazem coro quanto à importância das missões. E missões se faz indo, orando e contribuindo. Portanto, faça sua parte de algum modo!

Este livro foi impresso pela Reproset, em 2024, para
a Thomas Nelson Brasil. O papel do miolo é pólen
bold 70g/m², e o da capa é cartão 250g/m².